ARLEY ANDRIOLO

BACHAREL EM HISTÓRIA PELA FFLCH-USP
MESTRE EM ESTRUTURAS AMBIENTAIS URBANAS PELA FAU-USP
DOUTOR EM PSICOLOGIA SOCIAL PELO INSTITUTO DE PSICOLOGIA — USP

VIVER E MORAR NO SÉCULO XVIII

MINAS GERAIS, MATO GROSSO E GOIÁS

Selecionado para o Programa de Bibliotecas das Escolas Estaduais – GO 2001, para o Cantinho de Leitura – GO e pela Secretaria Executiva de Educação do Pará

QUE HISTÓRIA É ESTA?

2ª edição

Conforme a nova ortografia

Editora Saraiva

Editora
Claudia Abeling-Szabo
Projeto e coordenação
Joaci Pereira Furtado
Assistente editorial
Nair Hitomi Kayo
Suplemento de trabalho
Amanda Rodrigues de Moraes
Pesquisa iconográfica
Júlio de Paula
Coodenação de revisão
Pedro Cunha Jr. e Lilian Semenichin
Gerência de arte
Nair de Medeiros Barbosa
Supervisão de arte
Vagner Castro dos Santos
Projeto gráfico
Christof Gunkel
Diagramação
Francisco Augusto Costa Filho
Marcos Zolezi
Projeto de capa
Angra Comunicação Visual
Finalização de capa
Mauro Moreira
Mapas
Selma Caparrós

Dados Internacionais de Catalogação na Publicação (CIP)
(Câmara Brasileira do Livro, SP, Brasil)

Andriolo, Arley
Viver e morar no século XVIII : Minas Gerais, Mato Grosso e Goiás / Arley Andriolo. — São Paulo : Saraiva, 1999. — (Que história é esta?)

Bibliografia.
ISBN 978-85-02-02827-2

1. Brasil - Condições sociais - Período colonial 2. Goiás (Estado) - História - Século XVIII 3. Habitações - Brasil - História - Período colonial 4. Mato Grosso - História - Século XVIII 5. Minas Gerais - História - Século XVIII 6. Vilas e aldeias - Brasil - História - Período colonial I. Título : Minas Gerais, Mato Grosso e Goiás. II. Série.

99-0017 CDD-981.021

Índice para catálogo sistemático:

1. Brasil : Brasil e habitações : Período colonial : História 981.021
2. Brasil : Período colonial : História social 981.021
3. Brasil : Vilas e arraiais : Período colonial : História 981.021

1ª tiragem, 2017
CL: 810246
CAE: 603264

A meus pais,
Avany e Pilar

Editora Saraiva

Avenida das Nações Unidas, 7221 – Pinheiros – CEP 05425-902 – São Paulo-SP – Tel.: (0XX11) 4003-3061
www.editorasaraiva.com.br

Sumário

1. A cidade na fotografia, 4

2. A ocupação do território, 6

O ambiente dos índios 6
A crise açucareira 8
Minas Gerais 9
Mato Grosso e Cuiabá 13
Goiás 14
O ouro e o "patrimônio histórico" 15

3. A formação das vilas, 16

Os caminhos das riquezas 16
O trabalho nas minas 19
Pousos e arraiais 22
Ruas tortuosas 23
A câmara e o pelourinho 24
Os impostos 25

4. Morar nas vilas e arraiais, 27

Entre a rua e a casa 27
Por dentro da casa colonial 28
Viver e construir com barro e pedras 30

5. Viver em sociedade, 31

A religião e o governo 31
As irmandades 33
O lugar da religião 35
O convívio social 37
Fazer arte 38

6. A "cidade histórica" de hoje, 40

Cronologia, 42

Bibliografia, 44

O que ver e ouvir?, 45

A que assistir?, 47

1. A cidade na fotografia

A fotografia é um importante documento histórico. Por meio dela podemos reconstruir detalhes históricos, com os hábitos das pessoas, seus objetos e lugares. Olhando para a fotografia desta página, o que podemos deduzir?

Se repararmos na cor, em preto e branco, notaremos um aspecto antigo na imagem. Algo de fins do século XIX e início do XX? Não necessariamente. Ainda hoje vemos fotógrafos realizando seus trabalhos em preto e branco. Assim, a cor isoladamente não indica a antiguidade de uma fotografia.

A imagem apresenta um certo tipo de casa que não é muito comum nas cidades atuais. Casas grudadas umas às outras, todas no alinhamento de ruas tortuosas, parece uma cidade que existiu há talvez duzentos ou trezentos anos. Mas a que tempo pertencerão?

O tipo das casas nos dá apenas uma ideia da sua época, mas não com certeza. Veja, por exemplo, a fotografia seguinte. Ela é recente e, no entanto, apresenta essas casas que parecem antigas.

Para uma análise mais precisa de uma fotografia como documento histórico, devemos procurar referências em outras fontes, bem como em livros e revistas. A comparação dessas imagens com a situação atual desses lugares é também um recurso.

Buscando o lugar retratado pela primeira fotografia, não encontraremos quase nada do que lá existiu. Com a chegada de trabalhadores imigrantes no final do século

A cidade de São Paulo (SP), até a metade do séc. XIX, restringia-se ao chamado "centro velho". As construções eram feitas lado a lado, com uma única parede separando-as. Não havia jardins nas frentes das casas, e as paredes, em geral brancas, faziam a separação do lote com a rua ("A cidade de São Paulo vista dos Piques", 1862, Militão Augusto de Azevedo).

XIX e o desejo das grandes cidades brasileiras em seguir os modelos europeus de arquitetura, muitas obras dos séculos anteriores foram totalmente demolidas. As fotografias e os textos antigos são os únicos meios de relembrar como eram esses lugares.

No entanto, se procurarmos bem, encontraremos, mesmo nas grandes cidades, algumas construções e objetos que nos podem dizer algo dos tempos passados. Descobriremos também que, em algumas cidades espalhadas pelo Brasil, muitas construções antigas, ruas, hábitos etc. foram preservados.

O conjunto de coisas que restaram de outros tempos, como construções, monumentos, peças de museus, livros, lendas e saberes, denominamos "patrimônio histórico", que permite às pessoas conhecer sua história e ter consciência da sociedade em que vivem. Contém informações dos que viveram nos vários momentos da história, não apenas de uma classe social ou de um indivíduo. O patrimônio lembra tanto a cultura dos povos escravizados como a dos senhores, dos miseráveis e das famílias abastadas. Assim, desde um pequeno pote de barro utilizado pelos índios para carregar água até uma grande cidade repleta de edifícios devem ser considerados patrimônio de nossa história.

A partir do patrimônio podemos despertar nossos olhos de pesquisadores, "conversar" com os objetos antigos e pensar sobre a história, a economia, a religião, os costumes, entre outros aspectos de nossa sociedade. Ele existe em todo o território brasileiro, apesar de muitas vezes esquecido. Neste livro, estudaremos o patrimônio remanescente dos arraiais e vilas que nasceram com a exploração de minérios na América portuguesa a partir do final do século XVII.

Em Prados, a poucos quilômetros de São João del-Rei (MG), as lentas mudanças econômicas fizeram com que boa parte das construções mantivesse o aspecto dos séculos passados. Podemos ver, porém, modificações impostas pelo século XX. Veja, por exemplo, o poste de iluminação pública. Existem outras? Observe.

Arley Andriolo

2. A ocupação do território

O ambiente dos índios

Nos séculos XVII e XVIII, a região hoje compreendida pelos estados de Minas Gerais, Mato Grosso, Mato Grosso do Sul e Goiás integrava as possessões de Portugal na América e era habitada por várias tribos indígenas, que tinham uma forma diferente da dos portugueses de se relacionar com o meio ambiente.

A palavra "índio" foi inventada pelos europeus no século XV para diferenciar a Europa dos povos de outros continentes (da Ásia e América). Nessa época, eram vários os grupos indígenas na América e possuíam hábitos e línguas muito diferentes entre si. Algumas características eram comuns a todos, como o costume de se estabelecer em uma região durante o tempo em que plantavam alimentos, coletavam frutos e caçavam animais. Quando o solo se esgotava, a coleta terminava ou a caça escasseava, migravam para outra região. A esse modo de vida, sem moradia fixa, chamamos nomadismo.

As divisões políticas da América do Sul, tanto no período colonial como posteriormente, não respeitaram os grupos indígenas. Toda a diversidade de culturas foi reduzida com a partilha do território entre portugueses e espanhóis (baseado em "A terra brasileira antes da conquista", *IstoÉ Brasil*, 500 anos).

As habitações eram bastante adaptadas ao clima e ao lugar; seu interior permitia a circulação de ar fresco pela forma como eram construídas e também pelos materiais utilizados. Eram feitas geralmente com madeira e fibras vegetais retiradas do mesmo ambiente onde se fixavam (ver desenho). Quando precisavam mudar para um local com mais alimento e melhores terras para o plantio, essas casas eram abandonadas por seus moradores.

O resultado dessa opção foi a inexistência de grandes construções e cidades antes da colonização empreendida pelos portugueses no território que hoje conhecemos como Brasil. Diferente, pois, de algumas regiões colonizadas pelos espanhóis na América, como as dos astecas e incas, que construíram grandes cidades com templos e casas de pedras.

Nos primeiros dois séculos da colonização portuguesa na América (XVI e XVII), os colonos concentraram-se no Nordeste brasileiro, de onde saíam carregamentos de açúcar rumo à Europa. A Coroa portuguesa dedicava-se também ao lucrativo comércio de especiarias com as Índias Orientais.

Em diversos momentos desses primeiros dois séculos da colonização, houve tentativas de explorar o interior da colônia. No Nordeste, onde o açúcar mais se desenvolveu, a criação de gado motivou a fixação dos colonizadores nas regiões mais distantes do litoral. No Sudeste, os colonos fizeram algumas plantações no planalto de Piratininga, mas, sobretudo, embrenharam-se pelos sertões à caça de índios, que vendiam como escravos, e à procura de pedras e metais preciosos.

Surgiram daí os primeiros povoados do interior, fundados por vaqueiros ou bandeirantes. O modo de habitar dos indígenas foi, em grande parte, rejeitado pelos colonizadores, que buscaram reproduzir seus hábitos originários de Portugal.

No entanto, muito da cultura dos indígenas foi assimilado pelos europeus. A rede de dormir é um dos exemplos mais conhecidos. Mas existiram outros, entre eles o uso de vasos de cerâmica e o consumo da farinha de mandioca. O que restou do conhecimento desses povos sobre como viver e morar é também um patrimônio que deve ser estudado e preservado.

A casa Xavante

Durante o dia, o ambiente dentro da casa é de penumbra. É preciso sair e colocar uma esteira ao ar livre, ou aproveitar a luz que entra pela porta e atinge o centro, se se quer fazer algum trabalho. Nas horas do sol mais quente, quando é penoso ficar-se fora do abrigo da casa, os Xavante deitam-se um pouco para descansar, ou aproveitam para executar com tranquilidade alguma tarefa. Se a vontade é de trabalhar num colar, por exemplo, pode-se afastar a palha da cobertura lateral num ponto e numa altura convenientes, junto à esteira onde se está recostado, para permitir a entrada de um pouco mais de luz. Essas "janelas" podem ser abertas a qualquer momento e em qualquer lugar. É por elas, também, que uma pessoa pode acompanhar o movimento de toda aldeia, lá fora, sem deixar o conforto de sua esteira.

(Aracy Lopes da Silva. "Xavante: casa – aldeia – chão – terra – vida". In: NOVAES, Sylvia C. (org.). Habitações indígenas. *São Paulo, Nobel/Edusp, 1983, p. 41.* Ilustrações de Maria Carolina Young Rodrigues.*)*

Neste desenho da Aldeia dos Coroados, feito no início do século XIX, podemos identificar a permanência de alguns hábitos indígenas no território conquistado pelos portugueses. A caça, o preparo dos alimentos e, ao fundo, as redes de dormir sob uma estrutura de madeira coberta por fibras vegetais ["Aldeia dos Coroados", in Johann Baptiste von Spix e Carl Friedrich Phillipp von Martius, *Viagem pelo Brasil (1817-1820)*].

Muitos desses saberes são guardados pelos poucos índios ainda existentes no Brasil.

A crise açucareira

A partir de 1630, a produção açucareira do nordeste da América portuguesa começou a enfrentar a concorrência do açúcar produzido nas Antilhas pelos holandeses, franceses e ingleses. O preço do produto antilhano na Europa era mais convidativo que o da América portuguesa. Isso porque a distância menor da Europa tornava o transporte mais rápido e barato. As Antilhas também passaram a importar mais escravos para suas lavouras, elevando o preço dessa mão de obra no mercado internacional e dificultando ainda mais a situação de crise instaurada no Nordeste com a diminuição das vendas do açúcar.

Desde fins do século XVI o comércio com as Índias Orientais apresentava queda nos índices de lucratividade, fazendo com que Portugal exigisse ainda mais das terras na América. Passou então a estimular, com títulos de nobreza e financiamentos, alguns bandeirantes, principalmente das vilas paulistas, para que localizassem as jazidas de minérios, tão procuradas desde a chegada dos portugueses na América.

Apenas no final do século XVII, em 1694, foram localizadas as primeiras jazidas de ouro importantes no Sudeste. Com as notícias dos achados no interior, muitos comerciantes abandonaram o Nordeste e se deslocaram para as regiões de exploração aurífera, onde os produtos alimentícios e os escravos passaram a ser muito procurados. Nessas áreas, houve um incrível aumento de preços.

Podemos, tendo como referência os preços em réis, notar a inflação na América portuguesa e, principalmente, nas regiões de mineração. Por exemplo, um boi, que na Bahia custava entre 1$500 e 5$000, com a alta dos preços passou a custar de 8$000 a 10$000. Em Minas Gerais, seu preço chegou a 150$000.

Os preços em Minas Gerais

A moeda utilizada em Portugal na época era o mil-réis (Rs.1$000), tendo sido adotada na América portuguesa. Além desta, também pagava-se com ouro, e a medida de pesos da época era a onça, o que equivale a 28,691 gramas. Os pagamentos eram calculados por oitavas, ou seja, a oitava parte de uma onça, que é igual a 3,586 gramas.

O valor do ouro sempre variou muito, mas em média calcula-se que 1 oitava de ouro era o equivalente a 1$500 (um mil e quinhentos réis). Por exemplo: uma galinha custava 3 oitavas, o que equivale a dizer que o seu preço era de 10,758 gramas de ouro, ou 4$500.

(Para mais exemplos, consultar André João Antonil. Cultura e opulência do Brasil. *3. ed. Belo Horizonte/São Paulo, Itatiaia/Edusp, 1982, p. 170-1.)*

A exploração de pedras e metais preciosos não ocorreu apenas no atual Sudeste e Centro-Oeste do Brasil. Na Bahia, por exemplo, foram encontrados minérios valiosos nos arraiais de Jacobina e Rio das Contas, por volta de 1702 e 1703. No Sul, foi localizado ouro próximo ao litoral de Paranaguá e Curitiba, em 1680. No entanto, era muito pouco, se comparado à grande quantidade que seria encontrada em Minas Gerais.

A busca de minérios preciosos aprofundou ainda mais a crise econômica do Nordeste, iniciada com a concorrência antilhana. Entretanto, apesar da lucratividade menor, o açúcar continuou sendo um produto importante na colônia, mesmo durante os principais anos de exploração aurífera.

Minas Gerais

Neste mapa de 1574, podemos verificar como o território americano foi dividido pelo governo de D. João III, rei de Portugal, por volta de 1530 ("Mapa das capitanias hereditárias", in Luís Teixeira, *Mapas históricos brasileiros*).

A colônia portuguesa na América era dividida em capitanias. Primeiro, foram as capitanias hereditárias que dividiram as terras de norte a sul em faixas perpendiculares ao litoral, doadas aos capitães donatários. Esse sistema não atingiu seu maior objetivo, que era a ocupação da colônia, e as capitanias voltaram a ser administradas pelo governo português, perdendo a sua forma de faixas.

A área correspondente aos atuais estados de Minas Gerais, Goiás, Mato Grosso, Mato Grosso do Sul e São Paulo fazia parte de uma grande capitania administrada a partir da cidade do Rio de Janeiro. Essa região foi dividida em 1709, formando outra capitania, a de São Paulo e Minas do Ouro. Posteriormente, em 1720, São Paulo e Minas Gerais foram separadas em duas capitanias.

A vasta região de Minas Gerais era habitada por tribos de Carijós, Tapuias e Cataguás. Deste último grupo derivou o nome que se estendia por toda a região, conhecida entre os exploradores como Sertão dos Cataguases.

De São Paulo partiu, em 1674, a bandeira de Fernão Dias Paes Leme à procura de esmeraldas e outros minérios. Esse bandeirante, já com 70 anos de idade, adoeceu e morreu ainda no sertão. A sua morte, porém, foi precedida pela indicação de jazidas de pedras e metais preciosos: a Montanha das Esmeraldas, ou o Sabarabuçu, nas proximidades da atual cidade de Sabará.

Essas jazidas, localizadas em 1694, foram exploradas inicialmente por Manuel Borba Gato, genro de Fernão Dias. Ali desenvolveu-se a Vila Real de Sabará, nas margens do Rio das Velhas, principal localidade da região dos arraiais de Nova Lima, Caeté, Santa Bárbara, Pitangui e Santa Luzia.

Ao mesmo tempo em que se iniciava a exploração dessas minas, diversos pontos do Sertão dos Cataguases demonstravam o potencial de suas jazidas. Os veios de ouro estavam muito próximos, e os bandeirantes fundavam arraiais separados por poucos quilômetros. Muitos destes existiram apenas enquanto houve mineração, tendo desaparecido logo depois.

Apesar de espalhadas por toda a capitania, as minas que mais produziram ouro concentravam-se nas áreas em torno do Rio das Velhas, do Ribeirão do Carmo, Rio das

Os retratos realizados por viajantes no século XIX são importantes documentos para estudarmos as vilas e arraiais da mineração, porém é importante perceber que muita coisa havia mudado desde o século XVIII. Neste caso, vemos a representação de Sabará em 1886 numa pintura a óleo. Esse curso d'água é o Rio das Velhas. Repare na localização da igreja e na disposição das casas ("Vista da cidade de Sabará", 1886 c., Johann Georg Grimm).

Mortes, Ribeirão do Inferno e Jequitinhonha, todas fundadas no final do século XVII e início do XVIII.

Os arraiais de Ribeirão do Carmo e Antônio Dias tornaram-se o centro político, religioso e econômico de Minas Gerais. A região abrigou importantes arraiais que, posteriormente, deram origem às atuais cidades de Congonhas do Campo, Ouro Branco e Itabirito. O arraial de Antônio Dias, juntamente com outros vizinhos, como o de Nossa Senhora do Pilar de Ouro Preto, tornou-se Vila Rica do Pilar em 1711, e sede do governo da capitania em 1721.

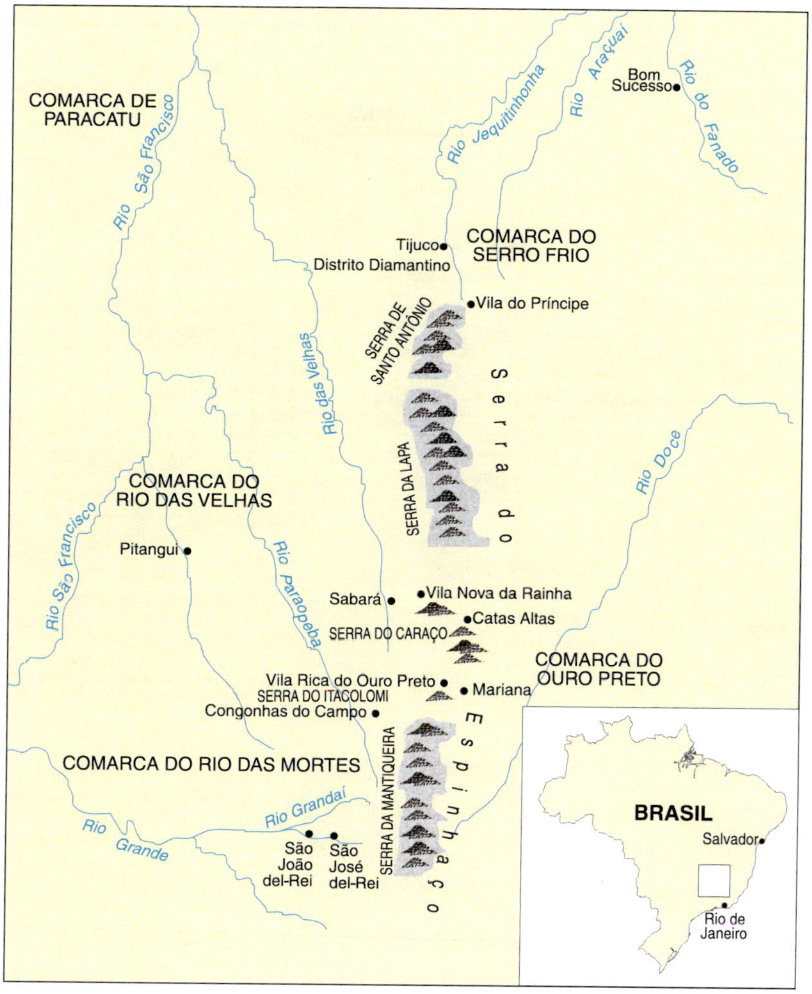

Por este mapa das Minas Gerais no século XVIII podemos localizar um importante aglomerado de vilas entre Mariana e Sabará; era a região de exploração aurífera mais intensa da época.

Todas essas regiões estavam submetidas às mesmas regras impostas pelo governo português, principalmente no que se referia a distribuição de terras e fiscalização da exploração dos minérios preciosos. Após o achado de jazidas de diamantes nas proximidades do Ribeirão do Inferno, em 1730, a Coroa então demarcou essas terras e impôs leis severas aos mineradores. Esse local foi denominado Distrito dos Diamantes.

Apesar de encontrado em outras regiões, nenhuma produziu tanto diamante

Arley Andriolo

A cidade de Ouro Preto, vista na fotografia, hoje está muito diferente do que foi no século XVIII, quando se chamava Vila Rica do Pilar e era a capital das Minas Gerais. Se existisse uma imagem da época vista do mesmo ponto que esta, veríamos muito mais vegetação e menos construções. Naquela época, os lotes eram muito mais compridos, abrigando, como veremos, hortas e pomares.

Apesar de o Distrito dos Diamantes ser um local distinto em termos administrativos nas Minas Gerais, apresentava alguns pontos comuns em relação às outras localidades. A Rua Direita é um exemplo. Via privilegiada, concentrava as construções mais imponentes das vilas. Na foto ao lado, de Augusto Riedel, feita em 1868, vemos a Rua Direita. Na ilustração anônima do século XVIII, a representação do modo de se lavar diamantes.

como o Distrito dos Diamantes. Por isso, o local foi tratado de modo diferente das outras áreas de mineração da colônia portuguesa. Enquanto os diversos arraiais mineradores estavam submetidos ao governador da capitania, o Distrito dos Diamantes prestava contas diretamente ao rei de Portugal, através do intendente geral dos Diamantes, funcionário real especialmente nomeado para tal. As jazidas dessa região eram as maiores fornecedoras do minério do século XVIII e, com elas, Portugal tornou-se o maior produtor de diamantes da época. Desse modo, a Coroa cuidou para que o controle da extração e a fiscalização fossem ainda mais intensos. Controlavam-se, por exemplo, todas as pessoas que entravam e saíam do Distrito. Todos os escravos deveriam ser registrados na Intendência; quando encontravam um escravo não registrado, ele era condenado a trabalhos forçados, e seu dono pagava uma multa.

Em 1734, o arraial do Tijuco, principal núcleo de exploração, foi escolhido para ser o centro administrativo do distrito. Ali residia o intendente, a quem cabia a realização de contratos que determinavam os que poderiam explorar os minérios da região. Diferente dos outros locais, como Vila Rica e Sabará, ali não havia Câmara de vereadores, juízes e outros órgãos do governo; tudo ficava a cargo do intendente e seus funcionários.

O controle era tão intenso que, em 1741, Plácido de Almeida Moutoso, o primeiro intendente e o maior responsável pelo distrito, mandou prender todas as pessoas sem emprego. Até as quituteiras foram proibidas de vender os seus comestíveis em qualquer lugar. Foi preciso esperar a determinação, dada pelo intendente, do local onde poderiam trabalhar. No arraial do Tijuco, por exemplo, a elas ficou reservada uma certa rua, que ficou conhecida como "da Quitanda".

Mato Grosso e Cuiabá

Quando foram separadas as capitanias de São Paulo e Minas Gerais, em 1720, a de São Paulo ficou com um enorme território que compreendia os atuais estados de Mato Grosso, Mato Grosso do Sul, Goiás, Paraná, além, é claro, de São Paulo, que teve na vila de mesmo nome a sede do governo.

Os relatos mais antigos das minas do atual estado de Mato Grosso tratam das dificuldades que os exploradores enfrentaram para dominar a região. No ano de 1725, por exemplo, saíram de São Paulo mais de trezentas pessoas rumo às minas de Cuiabá, com cerca de vinte canoas. Ao subirem o rio Paraguai, confrontaram-se com os índios da região, que defendiam seu território dos invasores. Os forasteiros paulistas, nesse momento, foram quase todos presos ou mortos.

Os índios, principalmente Paiaguás e Guaicurus, foram apenas um dos problemas enfrentados. Quando foram encontradas as primeiras jazidas de ouro nas margens do Rio Coxipó, Mato Grosso, em 1718, muitos exploradores padeceram por causa da escassez de alimentos e doenças.

Tanto em Mato Grosso como em Minas Gerais, a falta de alimentos foi, para os pri-

No século XVIII, o formato das capitanias era bem diferente daquele de 1574. As capitanias de Minas Gerais, Mato Grosso e Goiás, as principais produtoras de ouro da colônia, compreendiam uma grande parte do território. Note, também, a dimensão da capitania de São Paulo em 1709. Em 1720, foi criada a capitania de Minas Gerais; em 1744, a de Goiás; e, em 1748, a de Cuiabá.

meiros exploradores, uma grande dificuldade. No início do século XVIII, o desejo de encontrar o ouro rapidamente fez com que quase todos se dedicassem à mineração, e poucos foram os que plantaram e se dedicaram à criação de animais. Depois que conseguiam alguns gramas de ouro, muitos fugiam dessas terras para não morrer de fome.

São poucas as construções que restaram do período da mineração no atual estado de Mato Grosso. Um importante patrimônio pode ser encontrado nas ruínas dessa igreja na cidade Mato Grosso, antiga Vila Bela, sede da capitania em 1751.

As minas de Cuiabá eram as mais distantes do litoral; não havia estradas, e os cursos d'água eram o único meio de lá chegar. Os mercadores nordestinos que vieram em busca dessas regiões mineiras tiveram grande dificuldade em comercializar seus produtos.

Cabe aqui uma pergunta: que motivos levaram os exploradores a buscar minas tão distantes? Um dos fatores foi a saturação das minas do Sertão dos Cataguases, repleto de pessoas de todas as partes da colônia e de Portugal, disputando ferrenhamente um pedaço de terra. Além disso, havia uma ordem real que contemplava com alguns benefícios aqueles que encontrassem novas jazidas. Por exemplo, quando uma jazida era localizada, cabia à Coroa distribuir os lotes aos mineradores; porém, o descobridor poderia escolher dois desses lotes, que eram geralmente maiores que os outros.

Os historiadores contam duas fases na exploração do ouro em Mato Grosso. A primeira deu-se em torno das minas de Cuiabá, com jazidas que impressionaram os primeiros exploradores. Nessa época, em 1736 e 1737, foi aberta uma estrada entre Cuiabá e Goiás, facilitando a chegada dos comerciantes e seus produtos.

A segunda fase teve início por volta de 1748, quando a capitania de São Paulo separou-se da de Mato Grosso e Cuiabá. O primeiro governador da capitania de Mato Grosso, Antonio Rollin de Moura Tavares, criou Vila Bela da Santíssima Trindade de Mato Grosso, distante cerca de 300 quilômetros de Cuiabá, que passou a ser o principal centro dos novos arraiais da região.

© Mario Friedlander / Reflexo

Goiás

A ocupação de Goiás não foi muito diferente da ocorrida nas minas de Cuiabá. Os exploradores paulistas, buscando novas terras para minerar, localizaram jazidas na Serra Dourada. Confrontaram-se aí com os índios Goiases, de onde surgiu o nome da região – havia também outras tribos, como os Caiapós, Xavantes e Acroás.

Bartolomeu Bueno da Silva, o filho do "Anhanguera", fez ali os primeiros achados, por volta de 1726. Nessa época, entre 1728 e 1729, foram fundados os arraiais de Barra, Ferreiro, Ouro Fino e Sant'Ana. Posteriormente, de 1734 a 1739, vieram os achados de Natividade, Crixás, Traíras, São José dos Tocantins, Anta, Santa Cruz e Meia Ponte. Essa época foi a mais importante nas extrações de minério em Goiás.

Vila Boa de Goiás foi a sede da capitania de Goiás e a que mais se destacou nessa região, onde, ainda hoje, permanecem muitas das construções mais significativas da época. Nesta aquarela, podemos identificar, à direita, a matriz de Sant'Ana — demolida para a construção de um novo templo — e, ao fundo, a igreja da Boa Morte ("Panorama de Goiás em 3 folhas", 1827, William John Burchell).

O primeiro arraial a se tornar vila foi o de Sant'Ana, com o nome de Vila Boa de Goiás, elevada em 1739. Pouco depois, em 1744, também a capitania de Goiás separou-se de São Paulo, e Vila Boa foi eleita como sede.

A região de Goiás sempre esteve muito ligada à Bahia. Os mineradores de Goiás compravam gado e outros gêneros dos mercadores da Bahia, que se beneficiavam com o pagamento em ouro. A Coroa portuguesa tentou, em vão, impedir esse comércio, pois com ele o minério saía da capitania sem ter seus impostos cobrados.

A facilidade de comércio com os centros nordestinos promoveu em Goiás características diferentes das minas de Cuiabá e Vila Bela. No entanto, algumas particularidades permaneceram comuns. Se viajarmos hoje por essas regiões, poderemos observar que as construções e templos religiosos que restaram desse período não ostentam a riqueza expressa nos de Minas Gerais.

O ouro e o "patrimônio histórico"

Se todas as três capitanias produziram ouro, por que a de Minas Gerais construiu templos maiores e os decorou com muito mais refinamento que as de Mato Grosso e Goiás?

As reservas de ouro de Mato Grosso e Goiás não estavam concentradas numa mesma região, como era o caso de boa parte de Minas Gerais. Dessa forma, os arraiais mineradores fundaram-se distantes uns dos outros. No caso de Goiás, por exemplo, espalharam-se ao longo da ampla região formada pelos rios Araguaia, Tocantins e Paraná.

Além disso, os achados que, no início, pareciam promissores nas capitanias de Mato Grosso e Goiás, logo se esgotaram (veja o quadro seguinte). As jazidas eram de aluvião, ou seja, estavam apenas na superfície da terra. Os mineradores saíram, assim, em busca de outras mais distantes. Muitos arraiais foram abandonados, e as modestas construções iniciais tornaram-se ruínas.

Para a construção de arraiais com casas e igrejas mais imponentes, os exploradores precisavam de certa estabilidade para viver, com maior fixação no território, recursos maiores e mais duradouros. Pelo quadro, pode-se observar que apenas em Minas Gerais a duração das jazidas permitiu que alguns lugares deixassem obras maiores. Uma igreja como a matriz de Santo Antônio, da atual Tiradentes, demorou mais de cem anos para ser concluída. Nas capitanias de Goiás e Mato Grosso, apenas alguns lugares, como Vila Boa, Meia Ponte, Cuiabá e Vila Bela, puderam erguer construções maiores. Mas sem a

Os quilos de ouro extraídos no século XVIII			
Quinquênios	Minas Gerais	Goiás	Mato Grosso
1700-1705	*1.470*	—	—
1706-1710	*4.410*	—	—
1711-1715	*6.500*	—	—
1716-1720	*6.500*	—	—
1721-1725	*7.000*	—	*600*
1726-1729	*7.500*	—	*1.000*
1730-1734	*7.500*	*1.000*	*500*
1735-1738	*10.637*	*2.000*	*1.500*
1740-1744	*10.047*	*3.000*	*1.100*
1745-1749	*9.712*	*4.000*	*1.100*
1750-1754	*8.780*	*5.880*	*1.100*
1755-1759	*8.016*	*3.500*	*1.100*
1760-1764	*7.399*	*2.500*	*600*
1765-1769	*6.659*	*2.500*	*600*
1770-1774	*6.179*	*2.000*	*600*
1775-1779	*5.518*	*2.000*	*600*
1780-1784	*4.884*	*1.000*	*400*
1785-1789	*3.511*	*1.000*	*400*
1790-1794	*3.360*	*750*	*400*
1795-1799	*3.249*	*750*	*400*

(Virgílio Noya Pinto. *O ouro brasileiro e o comércio anglo-português*. São Paulo, Companhia Editora Nacional/MEC, 1979, p. 114.)

mesma quantidade de ouro e dinheiro que Minas possuía, esses templos não apresentam opulência na decoração.

O patrimônio histórico, porém, não é mais importante nos locais onde a exploração de ouro foi maior e as construções mais ricas. A importância de todas essas obras que chegaram até nós, ricas ou pobres, está no fato de elas poderem nos dizer alguma coisa sobre uma ou várias épocas. Desse modo, a capelinha mais simples é tão importante quanto o templo mais ornamentado. Basta saber olhar.

Pilar de Goiás foi um arraial que surgiu na região de Goiás no século XVIII; porém, por não ter sido grande produtor de metais preciosos, as construções ali são mais modestas do que em Vila Boa, como é o caso da igreja de Nossa Senhora das Mercês. O valor do patrimônio está naquilo que representou e representa para a história da comunidade (in Walter Zanini, coord., *História geral da arte no Brasil*).

3. A formação das vilas

Os caminhos das riquezas

Os caminhos entre os arraiais eram um fator importante e até decisivo para a sua sobrevivência. Para entender um pouco como eram essas viagens, pelas quais mercadores e exploradores entravam e saíam no interior da colônia, vejamos o que disse, em 1711, o padre André João Antonil:

"Gastam comumente os paulistas, desde a vila de São Paulo até as minas gerais dos Cataguás, pelo menos dois meses, porque não marcham de sol a sol, mas até o meio-dia, e quando muito até uma ou duas horas da tarde, assim para se arrancharem, como para terem tempo de descansar e de buscar alguma caça ou peixe." (*Cultura e opulência do Brasil*. Belo Horizonte/São Paulo, Itatiaia/ Edusp, 1982, p. 181).

Temos de nos imaginar naquela época para compreender como eram realizadas essas viagens. A maioria das pessoas andava a pé, os escravos índios e negros carregavam nas costas os mantimentos e outros materiais. Apenas os que

À medida que os exploradores avançavam pelas terras portuguesas, desenhavam mapas que permitiam a outros atingirem os pontos de interesse no sertão. Se compararmos este mapa com um atual da região, veremos que muita coisa não aparece ou está "fora do lugar". Mesmo assim, podemos localizar, neste mapa, a Serra do Mar, a Serra da Mantiqueira e os principais núcleos de mineração ("Mapas das Minas, século XVIII", in Luís Teixeira, *Mapas históricos brasileiros*).

tinham mais posses seguiam montados em animais, sobretudo mulas e burros. Aliás, esses animais foram o principal meio de condução das mercadorias e dos minerais extraídos nas regiões exploradas.

Na ausência de estradas, os exploradores seguiam os caminhos abertos pelos índios. Eram estreitas picadas abertas nas matas, muitas vezes abandonadas depois de anos de uso.

As expedições que seguiam pelos rios ficaram conhecidas como monções. Alguns dos principais rios utilizados nessa época foram o São Francisco, que atingia as minas de Sabará pelo Rio das Velhas, e o Tietê, que levava às minas de Cuiabá. Nesse caso, os exploradores, partindo de Porto Feliz, próximo a São Paulo, gastavam até sete meses na viagem.

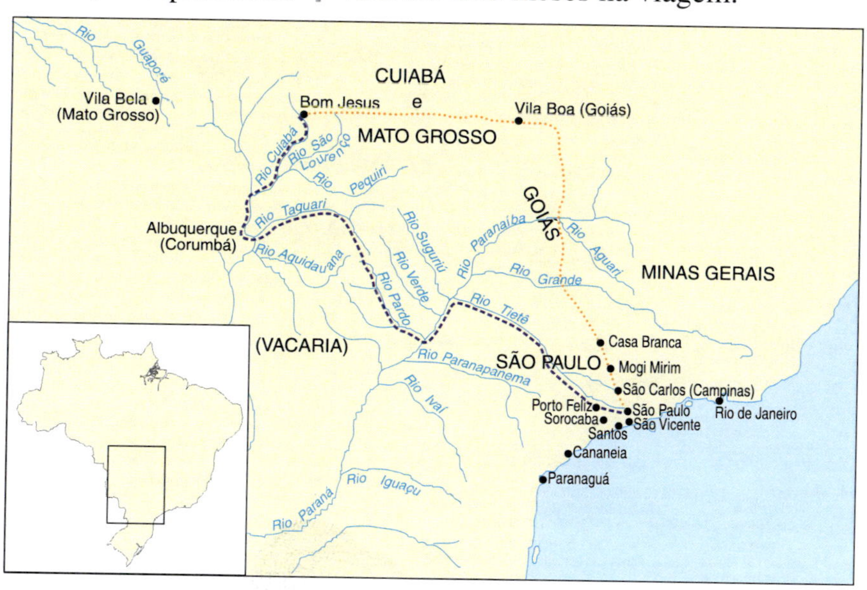

Os rios foram um importante meio de conquista do interior e de circulação de mercadorias, principalmente nas minas de Bom Jesus de Cuiabá e Vila Bela de Mato Grosso.

Dos caminhos mais conhecidos, aquele que levava à capital de Minas, Vila Rica, deve ter sido o mais procurado pelos exploradores, viajantes e mercadores do século XVIII. Esse caminho – denominado "Caminho Velho" – alcançava a Serra da Mantiqueira a partir do Vale do Paraíba. Os viajantes cruzavam, assim, o ponto mais acessível dessa grande cadeia de montanhas.

Próximo de Guaratinguetá, no atual estado de São Paulo, tomava-se uma estrada tortuosa. Já no alto da serra havia um pouso, que tempos depois deu origem a Baependi. Desse ponto, os viajantes rumavam para o norte, em direção a Vila Rica, pelo "Caminho Real", passando por São João del-Rei.

Os minerais preciosos eram transportados por esse trajeto até atingirem o porto de Parati, onde eram embarcados rumo a Portugal. Antes, porém, de se dirigirem ao mar aberto, paravam no porto do Rio de Janeiro para a fiscalização do carregamento.

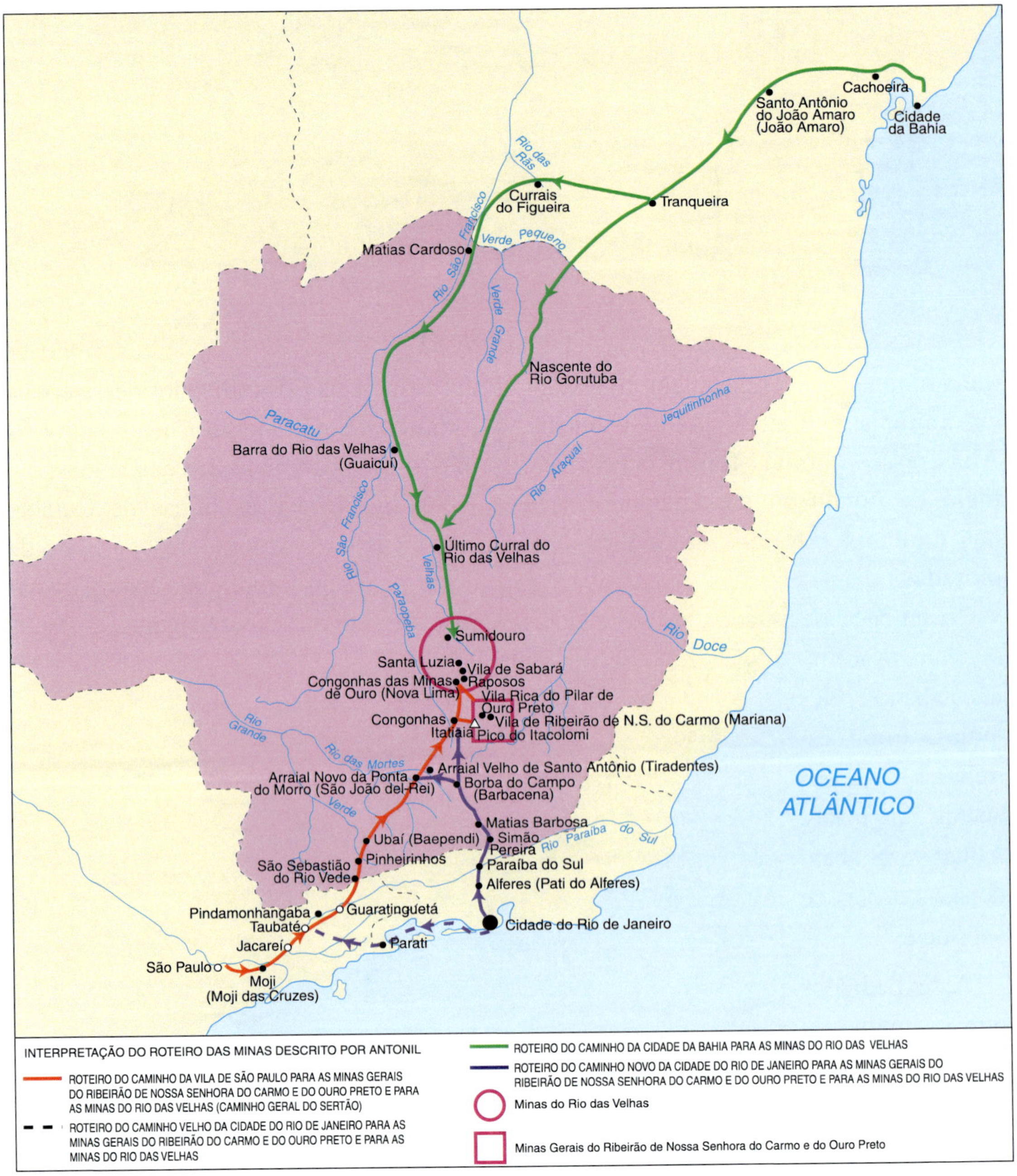

Diversos caminhos buscaram atingir a região de mineração; no entanto, só alguns foram permitidos pelo governo português. No mapa, podemos ver (vermelho) o roteiro de São Paulo para os arraiais mineiros, (lilás) o que se tornou oficial para o Rio de Janeiro e (verde) um caminho muito utilizado pelos mercadores para atingir as Minas Gerais a partir de Salvador e do norte da colônia.

Por volta de 1704, o governador da capitania do Rio de Janeiro, Garcia Rodrigues Pais, no intuito de controlar melhor a exploração dos minérios e a cobrança de impostos, mandou construir uma estrada que ligasse diretamente as zonas mineradoras ao Rio de Janeiro – era o "Caminho Novo".

Em torno de 1760 (ver quadro da extração do ouro), iniciou-se a queda da produção aurífera. Para não diminuir seus ganhos, Portugal intensificou ainda mais a cobrança de impostos, elevou o Brasil a Vice-Reino e mudou sua sede de Salvador para o Rio de Janeiro, em 1763. Esta cidade tornou-se, a partir desse momento, a mais importante da América portuguesa, tendo sido o principal porto exportador de ouro.

O trabalho nas minas

Como pudemos observar no capítulo anterior, sempre que falamos de locais de exploração de minérios nos referimos a rios ou córregos. Isso seria apenas porque os rios eram um importante meio de transporte no período colonial? Não. Era por meio deles também que os exploradores detectavam a existência de minérios preciosos.

Na segunda metade do século XVIII, a maior parte do território mineiro já estava mapeada. Neste mapa, de cerca de 1760, estão indicados os principais caminhos da região, incluindo o de Garcia Rodrigues, entre Rio de Janeiro e Vila Rica, como também o nome de vários rios e localidades, muitos dos quais conhecidos até hoje.

Nesta fotografia de cerca de 1900, feita por Marc Ferrez, podemos ver uma forma de exploração de minérios. Os trabalhadores, nas margens de um córrego, procuram minérios utilizando bateias.

Uma outra forma de exploração de minérios pode ser vista nesta aquarela pintada por Carlos Julião (1740-1811). O minério é extraído de modo organizado, com a divisão de atividades e dos trabalhadores — os escravos —, constantemente fiscalizados por feitores.

Para localizar as jazidas, os exploradores usavam bateias, um tipo de vasilha afunilada de madeira ou metal, bastante larga, com a qual pegavam a terra e cascalhos do fundo dos rios. Separando a terra das pedras, podiam ver se o solo da região era rico em algum minério. Daí falarmos em "batear ouro".

As longas viagens eram interrompidas de tempos em tempos para "batear" nos cursos de água. Sempre na esperança de encontrar alguma grande pepita de ouro ou diamante, os exploradores traçaram caminhos e mapas e fundaram diversos povoados.

O fato de acharem ouro no curso d'água indicava, na maioria das vezes, que se cavassem naquela região encontrariam jazidas para a mineração; chamavam de minas os buracos escavados no barranco dos morros. Extrair as riquezas dessa forma era muito mais rendoso que batear, pois ia-se direto ao veio aurífero.

As explorações através de minas ficaram conhecidas como "lavras". A lavra era um grande empreendimento de mineração com vários escravos. Estes retiravam enormes quantidades de terra e minérios, dos quais separavam posteriormente o ouro ou os diamantes.

População escrava e livre em Minas Gerais				
Anos	*escravos*	*livres*	*total*	*% de escravos*
1742	*94.128*	*80.000*	*174.128*	*54*
1776	*163.240*	*156.529*	*319.769*	*51*
1786	*174.135*	*188.712*	*362.847*	*48*

Pretos forros e mulatos em Minas Gerais		
Anos	*homens forros*	*% na população total*
1786	*123.048*	*34*
1808	*177.593*	*41*

(Cf. Jacob Gorender. *O escravismo colonial*. 2. ed. São Paulo, Ática, 1978.)

As lavras representavam um grande investimento, principalmente porque o seu proprietário tinha de comprar muitos escravos. Assim, os exploradores que eram donos de poucos escravos tinham de trabalhar nas margens dos rios com seus cativos. Eram os chamados "faiscadores". Seja nas lavras, seja junto aos faiscadores, a escravidão continuou a ser a principal forma de exploração do trabalho na colônia portuguesa.

Os escravos, que há muitos anos eram comercializados no Brasil, foram vendidos em grandes levas no território da mineração. Em 1716, já se contavam 27 909 escravos na região. O número de escravos chegava à metade do total de habitantes, e os brancos, em todo o século XVIII, formavam uma minoria privilegiada, em alguns momentos correspondendo a apenas 10% da população. Da população livre, só uma pequena parte das pessoas era branca; a maioria era composta por negros forros e mestiços sem posses ou privilégios na sociedade mineira.

Os maus-tratos aos trabalhadores escravos ocorriam em larga escala. Além das condições insalubres no trabalho, as senzalas eram construídas no porão das casas ou sob cobertura de folhas e sem paredes, onde escravos dormiam sobre a terra úmida. A alimentação era pouco nutritiva, e a jornada diária iniciava-se logo pelo amanhecer, terminando apenas quando anoitecia.

O trabalho escravo nas minas

A vida útil de um escravo nas minas ficava em torno de 7 a 12 anos de trabalho. Vejamos a seguir dois depoimentos sobre as condições da escravidão, escritos por pessoas que visitaram as regiões da mineração.

O médico Luís Gomes Ferreira escreveu, em 1735:

"Lá trabalham, lá comem, lá dormem muitas vezes, e como estes quando trabalham andam banhados de suor com os pés sempre em terra fria, pedras, ou água, resfriam de tal modo, que daí se lhes originam várias enfermidades perigosas". (Cf. Charles Boxer, A idade do ouro do Brasil, *São Paulo, Companhia Editora Nacional, p. 165.)*

O viajante Saint-Hilaire, quase cem anos depois, em 1817, registrou que os escravos são:

"[...] obrigados a estar continuamente dentro da água durante o tempo da lavagem do minério e consumindo alimentos pouco nutritivos, quase sempre frios e mal cozidos, tornam-se, pela debilidade do tubo intestinal, morosos e apáticos. Além disso, correm frequentemente o risco de serem esmagados pelas pedras que se destacam das jazidas ou soterrados por desmoronamentos". (Cf. Saint-Hilaire, Viagem pelo Distrito dos Diamantes e litoral do Brasil, *Belo Horizonte/São Paulo, Itatiaia/Edusp, 1974, p. 16.)*

O duro dia a dia dos escravos no trabalho era acompanhado de penas impostas àqueles que não seguissem as regras. Sabe-se, por exemplo, que os que fugiam, quando capturados, recebiam uma marca com ferro em brasa. Se fugissem novamente, poderiam ter as orelhas cortadas ou mesmo ser condenados à pena de morte.

Essa divisão social, entre uma minoria branca detentora de posses e privilégios e uma grande maioria negra submetida à escravidão, refletia-se na cultura e nas artes desse período. Havia uma rígida hierarquia social, pela qual o trabalho braçal era entendido como inferior, destinado apenas aos pobres e escravos.

Pousos e arraiais

Os viajantes, além de caçar e coletar frutos, costumavam deixar roças plantadas pelo caminho, com trigo ou mandioca, que poderiam ser colhidos na volta. Alguns dos pontos de parada deram origem a povoados, denominados "pousos". O pouso se desenvolvia à beira dos caminhos, como um lugar onde se vendiam alimentos e outros mantimentos necessários aos viajantes. Serviam de abrigo para o descanso das pessoas e dos animais antes de a viagem continuar.

A partir dos achados de ouro, começaram a aparecer algumas modestas construções nas encostas dos morros, ao redor dos buracos das minas. Sempre presente era a construção de uma capela, para abrigar o santo de devoção daqueles que fundavam o povoado. De modo geral, essas capelas eram feitas de madeira e barro, cobertas com folhas de árvores da região, como as habitações indígenas. Esses pequenos núcleos de povoamento foram chamados de arraiais.

Os arraiais compunham a maioria dos povoados das regiões de mineração. Quando o arraial crescia e ganhava importância maior, o rei de Portugal, na

Os pousos, que eram inicialmente locais de parada das tropas, podiam se tornar verdadeiros povoados. Note que este tipo de abrigo foi construído da mesma forma que o de "Aldeia dos Coroados", na pág. 8 ["Pouso de uma tropa", litografia aquarelada de Johann Moritz Rugendas (1808-1858)].

pessoa do governador da capitania, decretava a sua elevação à condição de vila. Alguns recebiam esse título pelo sucesso na exploração de minérios ou pela intensa atividade comercial. As vilas representavam um novo estágio do povoado. Quando elevadas a essa condição, passavam a ter direitos sobre as suas terras e a administrar seu território.

Ruas tortuosas

Depois de erguida a capela, as novas construções do arraial se distribuíam em torno dela. No início, deixavam um espaço à frente do templo, chamado de "adro"; como veremos, importante local de encontro entre os habitantes e para as futuras ampliações da construção.

As habitações eram construídas ao longo dos caminhos, os quais eram muitas vezes tortuosos, pois seguiam os passos de mulas que transitavam nas encostas irregulares dos morros.

Com o crescimento do arraial, as casas iam ocupando os vários espaços vazios, deixando livres apenas aqueles an-

Vila de São José (atual Tiradentes)

"Dos montes que, do lado oposto à vila, margeiam o vale descortina-se vista muito agradável. Morros que fazem parte da serra de S. José apresentam sumidades arredondadas, enquanto os flancos, quase a pique e uniformes, formam altas muralhas de rochedos enegrecidos onde crescem, aqui e acolá, alguns arbustos. Abaixo dessas montanhas vê-se a Vila de S. José, dominada pela igreja paroquial, próximo à qual fica o principal grupo de casas. Outras habitações, cercadas de bananeiras, cafeeiros e laranjeiras, existem esparsas no vale, mais longe se acham vastas minerações e, enfim, abaixo da vila corre o Rio das Mortes, com leito cheio de curvas e sinuosidades."

(*Auguste de Saint-Hilaire.* Viagem pelo Distrito dos Diamantes e litoral do Brasil. *Belo Horizonte/São Paulo, Itatiaia/Edusp, 1974, p. 116.* O cientista francês Auguste de Saint-Hilaire esteve no Brasil de 1816 a 1822.)

Arley Andriolo

tigos caminhos e algumas vielas que ligavam as vias principais. No início, a maioria das ruas permanecia de terra. Apenas as mais importantes, como aquelas que levavam às matrizes (chamadas em geral de "Rua Direita"), recebiam calçamento. Esse calçamento era feito com pedras extraídas da região.

baianos, considerados forasteiros pelos paulistas.

Veja o que disse, em 1730, o historiador Rocha Pita sobre o acontecido:

"Tinham crescido os povos nas Minas do Sul em tanto número de gente de vários gêneros, condições e estados, que era quase impossível terem sossego sem um governador assistente, que os fizesse viver em paz. Estavam opostos e divididos em duas parcialidades, uma dos naturais de S. Paulo e das vilas da sua jurisdição, chamados Paulistas, e outra dos forasteiros, a que eles chamam Emboabas, dando este nome a todos os que não saíram da sua região" (*História da América portuguesa*. Belo Horizonte/São Paulo, Itatiaia/Edusp, 1976, p. 241).

Somente as ruas mais importantes recebiam calçamento. Nesta fotografia de uma rua da atual cidade de Tiradentes, vemos que lá foram utilizadas lajes de pedra; em outras localidades, era comum o uso de seixos rolados (pedras arredondadas). A escolha dependia do que era oferecido pela natureza local.

© Maurício Simonette / Pulsar

O texto desse historiador não atribui aparentemente razão a nenhum dos lados do conflito. Mas mostra-se, por fim, do lado do rei de Portugal, quando escreve que somente com um governo poderiam viver em paz.

A Guerra dos Emboabas marcou o início da ordenação feita pelo governo português sobre o território dos mineiros. A paz de que Rocha Pita falava transformou-se em violenta repressão através de leis e cobranças de impostos.

Mas você acha que cada um explorava o ouro e construía sua casa onde bem queria? No início, muitos tentaram, mas logo as regiões começaram a receber mais pessoas desejosas de enriquecer. Isso provocou disputas por terras e até conflitos armados.

A Guerra dos Emboabas foi uma das mais conhecidas de todas as disputas pelas terras da mineração. Este longo conflito, de 1707 a 1709, teve alguns confrontos diretos, em que paulistas e emboabas disputaram o direito da exploração da região. "Emboaba", termo indígena para definir as aves que tinham os pés cobertos de penas, foi utilizado para nomear, inicialmente, todos os que andavam calçados. No século XVIII, foi associado aos portugueses e

A câmara e o pelourinho

Quando o arraial era elevado a vila, erguia-se na parte mais importante do povoado um pelourinho, a partir do qual media-se o tamanho do território no entorno da vila. Marcava-se, assim, o seu centro administrativo.

Muitos lembram do pelourinho apenas como o local onde se amarravam os escravos para o açoite. Assim eram os das fazendas ou das casas particulares. Esse, construído no centro da vila, servia também para o anúncio dos editais da Câmara, das normas da Coroa, ou ainda das sentenças dos condenados. Além disso, nele se açoitavam brancos que contrariavam as leis da Coroa e da Vila e também os negros fugitivos. Era o castigo exemplar para todos os habitantes.

Por este detalhe de planta da cidade de Mariana, feita no início do século XIX, podemos identificar os principais edifícios que compunham um povoado quando elevado a vila (ou cidade). No centro, vê-se um largo onde ficava o pelourinho; à sua frente, a Casa de Câmara e Cadeia. Em volta, duas igrejas e, mais abaixo, a Catedral da Sé – matriz de Nossa Senhora da Assunção ("Planta arquitetural da cidade de Mariana", início do século XIX c., Anônimo).

O pelourinho ficava em frente a um importante edifício para as vilas coloniais: a Casa de Câmara e Cadeia. Com a elevação da vila, os habitantes tinham por obrigação construir um prédio que abrigasse os vereadores, responsáveis pela elaboração das leis municipais.

Na Casa de Câmara e Cadeia, geralmente, o andar superior era reservado aos vereadores e a outras salas destinadas à administração da vila. O andar inferior, e muitas vezes o subsolo, era o local onde funcionava a cadeia.

Os impostos

A América portuguesa era uma colônia e cumpria a sua função junto ao império português no que se referia ao fornecimento de matérias-primas e à cobrança de impostos. Os impostos eram a principal fonte de recursos para a Coroa manter a Corte e realizar diversas obras. Depois de 1755, por exemplo, quando um terremoto destruiu parte de Lisboa, muito do capital arrecadado com os impostos foi investido na reconstrução dos edifícios oficiais e templos religiosos. Com o crescimento da exploração de ouro, o Governo português buscou ainda mais controlar a vida das pessoas para garantir a fiscalização das atividades econômicas e a manutenção de seus recursos.

O foro era um imposto pago à Câmara pelo uso dos terrenos onde os habitantes construíam suas casas e exploravam os minérios. Nas vilas coloniais, a pessoa não era proprietária do terreno; o pagamento do foro dava-

Júlio de Paula

Todas as vilas tinham por obrigação construir um edifício que abrigasse as reuniões dos vereadores. Muitas vezes, num mesmo edifício funcionavam a câmara dos vereadores e a cadeia, como o que acontecia em Vila Boa de Goiás, que possui um exemplo muito importante desse tipo de construção preservado. Na torre central, vê-se o sino.

lhe o direito de usar a terra, que era propriedade da Coroa portuguesa e administrada pela Câmara.

Aos mineradores estava destinado um imposto chamado de "quinto". De todo o ouro retirado das minas, uma quinta parte era paga na forma de imposto ao Governo português. Para fugir dos impostos, os mineradores praticavam o contrabando. A Coroa, para evitá-lo, criou as Casas de Fundição, em 1719. Nesse local o ouro era derretido e transformado em barras que recebiam o selo real; de cada cinco barras, o fiscal retirava uma como imposto.

Os mineradores de Mato Grosso, distantes das casas de fundição de Minas, foram obrigados a levar o ouro para ser fundido em São Paulo até 1736, quando então foi criada a Casa de Fundição de Cuiabá.

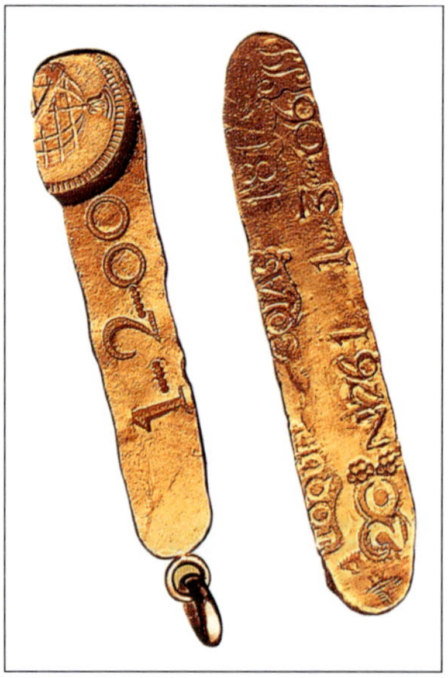

Para fiscalizar a circulação de ouro e impedir o contrabando, o governo transformava o metal em barras carimbadas com o selo real. Fora da capitania, o ouro só podia circular dessa forma.

A partir da criação das Casas de Fundição, ficou proibida a saída de ouro em pó da capitania, e ao infrator eram aplicadas penas severas. No entanto, isso não impediu que o contrabando existisse em grande quantidade nas regiões mineradoras.

Não conseguindo impedir todo o contrabando, a Coroa criou outras formas de cobrança. Uma delas foi a "capitação", um imposto pago pela quantidade de trabalhadores, escravos ou contratados que cada proprietário possuísse. Além disso, ficou determinado que anualmente deveria ser arrecadado em ouro no mínimo 100 arrobas (cerca de 1 500 quilos). Quando essa meta não era atingida, o governo poderia fazer a "derrama", uma cobrança sobre todos os moradores dos arraiais e vilas para atingir a quantia mínima.

O contrabando de ouro

Sabe-se que muitos mineiros planejavam diversas formas de burlar a cobrança de impostos. Muitas vezes subornavam os guardas; outras, escondiam o ouro em carregamentos. Mas não apenas eles, outras pessoas da época também assim o faziam. Os comerciantes praticavam um tipo comum de contrabando, como descreveu Joaquim Felício dos Santos, um escritor do século XIX:

"Vendiam ao mineiro os gêneros, que importavam, a troco de ouro em pó, com abatimento do quinto, que ficavam obrigados a pagar levando-os às casas de fundição para ser convertido em barras, isto é, recebiam-no na razão de 1$200 por oitava [de ouro]. Mas de posse do ouro em pó o comerciante tratava de pôr-se a salvo para fora da Capitania, e era raro o que ia quintá-lo".

(Memórias do Distrito Diamantino da Comarca de Serro Frio. *Belo Horizonte/São Paulo, Itatiaia/Edusp, 1976, p. 207*).

4. Morar nas vilas e arraiais

Entre a rua e a casa

O que dava forma a uma vila não eram os prédios públicos, Câmaras, Casas de Fundição etc. A vila era formada principalmente por casas.

Nessas casas moravam mineiros, comerciantes, padres, escravos e todos os outros habitantes das vilas coloniais; todas eram construídas juntas uma das outras e no alinhamento da rua, como ordenava o rei. Não havia, como é comum hoje, o jardim na frente. A parede da frente da casa era o limite entre a rua e o terreno.

Nos dias atuais, quando passeamos por essas cidades, podemos notar essas paredes, geralmente brancas e lisas, formando as ruas, trazendo no alto a beirada do telhado.

As janelas abertas deixavam entrever o interior das casas. Alguns tentavam escondê-lo com treliças, um tipo de veneziana com ripas de madeira trançadas.

Podemos observar diversas formas de janelas nas construções coloniais. As mais simples (e mais comuns) possuíam apenas duas folhas de madeira para proteção do vento e dos ladrões. Os vidros eram privilégio de poucos nessa região da colônia. Outras janelas, nos sobrados, eram como portas abertas para sacadas de madeira ou de pedra esculpida.

A frente da casa servia como demonstração de riqueza. Quanto mais rica a família, mais enfeitados eram os beirais dos telhados e adornadas as sacadas.

Essa proximidade das janelas com a rua nos faz pensar: será que não havia privacidade dentro das casas coloniais? Na verdade, havia um outro modo de se morar. Se olharmos cada cômodo da casa com mais atenção, poderemos entender melhor como era esse modo.

Temos aqui dois tipos de janelas usadas no período colonial. A da esquerda, de Pilar do Goiás, é fechada por treliças que permitiam aos moradores ver a rua, bem como alguma iluminação no interior da casa. A da direita, em Mariana, é mais recente, por isso possui vidros, sendo também aberta com uma porta para o balcão (um tipo de sacada), esculpido em pedra-sabão, privilégio de poucos.

Por dentro da casa colonial

Tomemos como exemplo uma casa térrea, ou seja, aquela que possui apenas um andar. Ao entrarmos pela porta que dá para a rua, o primeiro cômodo que encontramos é a sala. Aí eram recebidas as visitas, feitos os saraus, as festas etc. Se o dono da residência fosse um comerciante, muito comum era a utilização dessa parte da casa como loja.

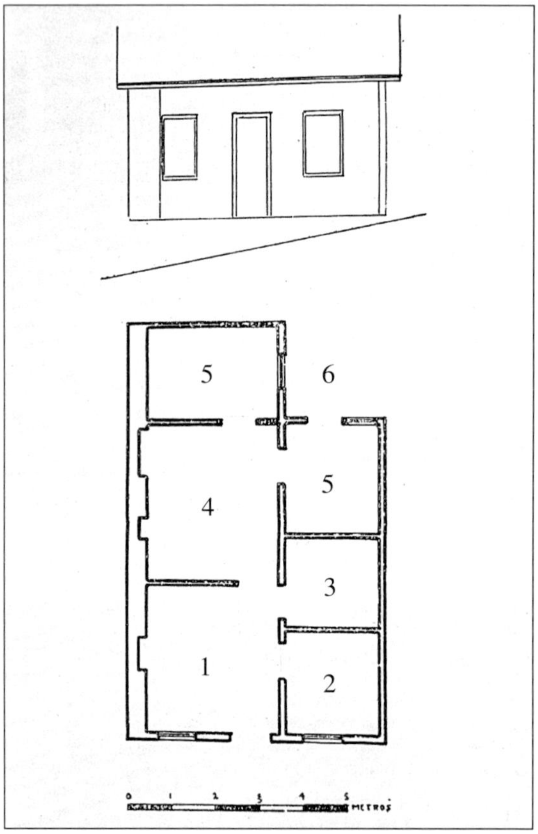

Nesta planta de uma típica casa colonial, podemos identificar os principais cômodos: 1. sala principal (para visitas); 2. quarto (com janela); 3. alcova; 4. sala de convívio doméstico; 5. áreas de serviços e depósito; 6. quintal ("Planta de casa térrea — Ouro Preto", in Sylvio de Vasconcellos, *Vila Rica: formação e desenvolvimento — residências*).

Podemos perceber, assim, que da rua víamos a parte da casa aberta às visitas. Mas se entrarmos mais um pouco, notaremos que havia cômodos que ficavam escondidos, muito longe dos olhares de estranhos... O que faziam os moradores nesses lugares escondidos? Dormiam, comiam e realizavam outras necessidades da vida doméstica.

Havia um tipo de quarto de dormir que não possuía janelas: eram as chamadas alcovas. Muitos historiadores entendem que os moradores dessa época, segundo seus padrões de higiene, acreditavam que os ventos podiam trazer doenças; assim, sentiam-se mais seguros dormindo em ambientes fechados.

Esses ambientes também serviam para preservar a intimidade das mulheres. O viajante Saint-Hilaire, ao hospedar-se nas proximidades do arraial de Meia-Ponte, em Goiás, contou que o proprietário o colocou para dormir em um casebre fora da casa, pois nela só havia o seu quarto e o de suas filhas. Disse o homem: "Só se passarem por cima do meu cadáver os senhores porão os pés no quarto de minhas filhas!". As moças consideradas de "boa família" não andavam sozinhas pelas ruas e não podiam ser vistas em casa por estranhos.

Na parte final da casa ficavam as dependências reservadas ao serviços domésticos, a cozinha, o depósito de alimentos e a saída para o quintal. No quintal, muitas vezes havia uma pequena horta e uma área destinada à criação de porcos e galinhas.

Da cozinha saíam alguns cheiros da casa colonial. Eram dos pedaços de carne seca, da banha de porco dentro de um barril, conservando as carnes frescas, ou da fumaça preta da lenha que alimentava o fogo. As panelas podiam ser de ferro, barro e pedra, não eram muitas e ficavam penduradas em cima do braseiro ou apoiadas sobre pedras.

A comida era servida em gamelas, vasilhas de madeira ou em pratos, também de madeira. Os talheres eram raridade; usavam-se as mãos. Quando muito, uma faca para rasgar a carne, provavelmente a mesma que se carregava para o trabalho.

Arley Andriolo

A madeira, que serviu às grandes esculturas – como esta de Antônio Francisco Lisboa (Aleijadinho) –, foi utilizada também para a confecção de tigelas, pratos e outros utensílios de uso doméstico. Nesta fotografia, vemos uma gamela com um leitão; a arte da época misturava cenas religiosas com o cotidiano da região.

A maioria das casas tinha o chão de terra batida; os mais ricos revestiam o piso com assoalhos de madeira. Não havia muitos móveis nessas casas. Apenas as famílias mais abastadas podiam se dar o privilégio de importar objetos e outros utensílios da Europa, ou pagar a um artífice que os fizesse. Em geral, colocava-se apenas uma mesa com cadeiras ou bancos para refeições e alguns baús para guardar roupas e objetos pessoais. As camas eram privilégio de poucos; o comum eram as redes ou esteiras esticadas no chão.

Outro tipo de construção eram os sobrados, com dois ou três andares. A diferença em relação à casa térrea estava no andar inferior, o térreo: se o proprietário fosse comerciante, todo esse andar poderia ser transformado em loja.

O andar térreo, em alguns casos, ficava reservado à moradia de escravos – senzalas –, cocheira para os animais e depósito de mantimentos, somando-se a estes a área de serviço e cozinha. No andar superior, à frente ficava a sala de visitas e nos fundos, as alcovas e demais salas íntimas.

Olhando ainda para a planta da casa, podemos notar que não havia banheiros. Também a higiene pessoal era feita de modo diferente do praticado hoje.

© Maurício Simonette / Pulsar

Esta rua é toda ladeada por sobrados construídos lado a lado. Atente para a diversidade de detalhes, como os beirais e os balcões. Note que novos elementos foram acrescidos, como as calhas para escoar as águas das chuvas nos telhados.

As pessoas utilizavam o urinol, espécie de vaso onde eram depositados os excrementos. Um escravo levava o urinol para os fundos da casa e jogava o conteúdo em um grande barril denominado "tigre". Quando o tigre ficava cheio, o escravo tratava de colocá-lo nas costas e, andando pelas ruas, levava-o para ser esvaziado em local determinado da vila.

As fontes e os chafarizes eram fundamentais para os arraiais e vilas, pois possibilitavam o abastecimento de água. Eles podiam ser imponentes – como este da vila de São José (atual Tiradentes), que ainda hoje transporta água da serra por calhas de pedra – ou apenas uma bica no barranco de um morro.

Júlio de Paula

Como não havia água encanada nas casas, também os banhos eram diferentes dos de hoje. O escravo buscava água nos chafarizes da vila e, com o barril de água limpa do quintal, enchia os jarros e bacias que ficavam nas alcovas, em cima de móveis próprios, parecidos com penteadeiras. Com uma esponja na mão a pessoa ia se lavando, passando em seguida a toalha. Depois o escravo retirava a água e a despejava junto com os dejetos no tigre. Daí é possível notar a importância dos cativos no cotidiano doméstico daquela sociedade. Mesmo as famílias mais simples costumavam ter um escravo para o serviço da casa.

Viver e construir com barro e pedras

As primeiras construções (no padrão português) das regiões de mineração foram feitas pelos bandeirantes. Tanto as casas como as capelas eram, em sua maioria, reproduções daquelas construídas em São Paulo e feitas de barro, a principal matéria-prima.

Ao barro era somada a madeira e as fibras vegetais. O modo mais simples e predominante era a "taipa de mão", "taipa de sopapo", ou, como é mais conhecido, "pau a pique". Neste caso, paus compridos eram amarrados uns aos outros com fibras, formando um grande xadrez. Com as mãos pegavam o barro, que era fixado nos paus formando uma parede.

Para as construções maiores utilizavam uma técnica chamada de "taipa de pilão". Dentro de grandes caixotes chamados de "taipal", o barro era socado junto com as fibras vegetais, até formar um bloco maciço. Subindo o caixote, repetiam o mesmo procedimento até que a parede ganhasse a altura necessária. Dessa maneira foram construídas muitas igrejas e prédios públicos.

Esta residência rural, por estar com as paredes desgastadas, permite-nos ver como eram construídas muitas casas. Neste caso, foi utilizada a técnica chamada de "pau a pique". Nos cantos da construção ficam os cunhais para sustentação, feitos em madeira mais grossa.

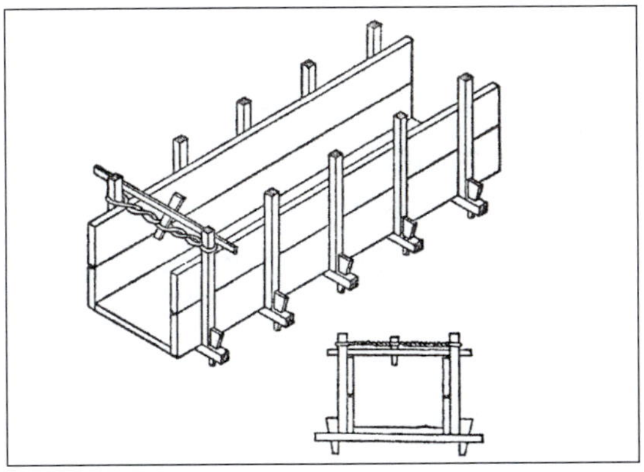

O desenho mostra um taipal, ou seja, uma caixa de madeira usada para fazer a "taipa de pilão". Dentro desse molde, o barro era socado junto com a matéria orgânica, resultando em paredes grossas (in Paulo F. Santos, *Arquitetura religiosa de Ouro Preto*).

Os beirais, que demonstravam a riqueza do dono da residência, serviam, principalmente, para jogar as águas da chuva na rua, longe das paredes feitas de barro, porque as águas acumuladas nas suas bases poderiam derrubá-las. No início da ocupação do território, todas as construções seguiram essa técnica. Porém, com a adaptação à natureza local, outras técnicas foram usadas.

A Câmara e Cadeia de Ouro Preto, por exemplo, foi toda construída com pedras da região, tendo sido gastos mais de sessenta anos para ser finalizada (1784 a 1846). A técnica era a seguinte: fazia-se uma massa para colar os pedaços de pedra, que depois eram cortados em tamanhos pré-definidos. Estas eram edificações de custo muito mais elevado que as feitas de taipa.

Mesmo usando outras técnicas, era comum que no interior dessas construções de pedra as paredes fossem feitas de pau a pique. Ou ainda com adobe, um tipo de tijolo de barro secado ao sol.

As obras dos grandes edifícios podiam durar mais de cinquenta anos. No caso das igrejas, no início fazia-se uma igrejinha (capela) que depois daria lugar ao altar principal. A partir do altar construía-se um grande salão (nave) e o telhado. As obras internas de ornamentação ficavam para o final; o douramento dos altares e as pinturas eram realizadas por etapas e por artistas diferentes, o que fez com que algumas igrejas demorassem mais de um século para ficar prontas.

5. Viver em sociedade

A religião e o governo

No final da Idade Média, em 1453, a instituição mais poderosa da Europa era a Igreja Católica. O cristianismo havia se tornado a prática religiosa dominante em toda a sociedade europeia. Porém, no início do século XVI, ocorreu uma divisão entre os religiosos, surgindo desse cisma o protestantismo como principal opositor da religião católica.

Arley Andriolo

As igrejas de Diamantina, como a de Nossa Senhora do Carmo, é um exemplo do tipo de construção feita com barro pilado. Curiosamente, neste templo a torre sineira foi construída nos fundos.

A Igreja Católica, para não perder seu domínio sobre os fiéis, estabeleceu diversas alianças com os principais Estados da época: Portugal e Espanha. Como resultado dessa aliança coube ao rei controlar as atividades da Igreja na colonização portuguesa da América. Para isso, o rei tomou para si o direito de padroado, que lhe permitia fundar paróquias, criar bispados e nomear os bispos, muitas vezes sustentando os religiosos e construindo templos com recursos do Estado. Dessa forma, mantinha pessoas de sua confiança nos cargos mais importantes da Igreja, aumentando o poder do Estado por meio da religião.

Em 1745, criou-se em Minas Gerais um bispado, com sede na vila de Ribeirão do Carmo. O bispado é o lugar onde fica o responsável pela administração das paróquias de uma determinada região: o bispo. Além da posição privilegiada do bispo na hierarquia católica, com a proximidade entre o Estado e a religião, os bispos passaram a ser considerados os mais importantes funcionários reais e tratados como príncipes. Por exemplo, quando uma certa vila se tornava sede do bispado, imediatamente era transformada em cidade.

Assim, para Ribeirão do Carmo, receber o bispado foi um acontecimento marcante. A partir desse momento foi elevada à condição de cidade, a única em Minas Gerais no período colonial. Seu nome também foi modificado, passando a Mariana, homenagem do rei D. João V a sua esposa, Marianna d'Áustria.

Quando foi criado o bispado de Minas Gerais, a região já contava com quarenta paróquias. Estas vinham se formando desde o início do século XVIII, a partir daquelas capelas que falamos anteriormente. Porém, a presença da religião nessas vilas e arraiais ocorreu de modo diferente das outras regiões da América portuguesa.

As ordens religiosas, como os jesuítas, os beneditinos e os franciscanos, estavam nas terras portuguesas na América desde o início da colonização, evangelizando os índios e os colonos. Tentavam em vão impedir a prática de religiões africanas e indígenas, as quais persistiam na forma de sincretismos.

Há, basicamente, dois tipos de religiosos na Igreja Católica. O chamado "clero secular" é formado por padres que atuam diretamente nas paróquias, enquanto o "regular" dedica-se às atividades da sua ordem.

Os membros das ordens religiosas eram mais independentes que os padres das igrejas, pois seguiam regras próprias, muitas vezes contrárias aos interesses da Coroa portuguesa. Suas atividades econômicas bem-sucedidas lhes davam poder crescente, interferindo na política junto aos homens mais ricos. Muitas delas tornaram-se grandes criadoras de gado e fornecedoras de outros produtos que serviam tanto ao abastecimento da colônia, como produto de exportação.

Além disso, também os padres paroquiais preocupavam o governo, pois se tornavam lideranças nas suas comunidades, muitas vezes com interesses contrários aos daquela aliança entre o Estado e a Igreja. Junto às elites, os padres interferiam nos rumos da política local. Eram eles que definiam alguns horários com o toque do sino, registravam os batizados e óbitos, realizavam os casamentos, enfim, buscavam educar a todos por meio das missas, confissões e outras práticas religiosas. Dessa forma, acabavam controlando mais os habitantes da colônia que o próprio governo com sua guarda.

As preocupações da Coroa com os clérigos na América tornaram-se ainda maiores com a exploração de ouro. Para controlar melhor os territórios da mineração, onde o contrabando e os conflitos ampliavam-se, em 1711 o rei proibiu a instalação de qualquer ordem religiosa nas Minas e a permanência de padres sem trabalho definido.

Tal fato, porém, não impediu que os mineiros criassem suas capelas e convidassem padres de outras localidades para a realização dos ofícios religiosos, fornecendo-lhes moradia e pagamento pelo trabalho, o que fez com que as "irmandades", existentes em toda a colônia, tivessem mais força e poder nas regiões da mineração.

As irmandades

As irmandades eram agrupamentos de pessoas geralmente da mesma profissão ou grupo social. Os seus membros reuniam-se nas capelas e igrejas onde possuíam seus altares, ou construíam outras quando julgavam necessário e dispunham de recursos para isso.

As irmandades tinham como finalidade responder aos interesses de seus membros. Por exemplo: quando um membro ficava doente, a irmandade cuidava de sua família e de seu tratamento. Caso a pessoa morresse, eram os "irmãos" que faziam o enterro e contratavam as missas em sua homenagem.

Se repararmos nos pisos de muitas das igrejas coloniais, encontraremos números nas tábuas, indicando a localização de vários túmulos. Os irmãos eram enterrados ali dentro, próximos aos altares de devoção das irmandades. Estas faziam da igreja o seu local de encontros, enterros e decisões políticas.

Uma igreja podia servir a várias irmandades. Assim ocorreu, por exemplo, na Matriz de Ouro Preto, onde reuniam-se, entre outras, as irmandades do Pilar e do Santíssimo Sacramento. O prédio da igreja recebia o benefício de ambas, como, por exemplo, para a construção de suas torres, compra dos sinos, reforma de um altar, ou para o pagamento do padre.

Nos mesmos moldes das ordens religiosas, também os leigos (não-religiosos) podiam se reunir em ordens, sem ter de, para isso, seguir a carreira eclesiástica. Eram as chamadas "ordens terceiras".

A disputa entre as irmandades e a exploração do ouro permitiram que grandes investimentos fossem feitos nas obras das igrejas. Segundo os preceitos da época, as esculturas dos altares, conhecidas hoje como talha, deviam atingir um elevado grau de refinamento e complexidade. Note-se, neste altar-mor da matriz de Nossa Senhora do Pilar (Ouro Preto), como os diversos elementos foram reunidos: os vários anjinhos em toda a volta; no centro, a imagem da padroeira local; e, no alto, a Santíssima Trindade: Pai (à direita, com cetro), Filho (à esquerda, com a cruz) e Espírito Santo (em forma de pomba, no alto).

As Irmandades e seus Oragos

Orago é o santo para o qual uma irmandade dedicava um templo, um altar ou apenas uma imagem. As irmandades reproduziram as tradições cristãs europeias na colônia, aceitando seus cânones e histórias bíblicas. Encontramos nos templos das regiões de mineração diversas imagens de santos e santas, invocações de Maria (as Nossas Senhoras), passagens da vida de Cristo etc. Das diversas imagens homenageadas, vemos a seguir algumas das mais cultuadas pelos mineiros:

Nossa Senhora do Rosário. Difundida na Europa pelos dominicanos. Foi protetora de São Benedito, um santo negro, e por esta razão cultuada pelos escravos, sendo a mais encontrada em Minas Gerais.

Nossa Senhora das Mercês. Imagem que associa a Virgem Maria à libertação dos cristãos cativos na Espanha, onde se fundou uma Ordem em sua homenagem. Por essa relação com os libertos, foi cultuada na colônia pelos mulatos e também pelos brancos humildes.

Nossa Senhora da Conceição. Imagem que representa a ausência do pecado na Virgem Maria, associada à descrição da mãe de Cristo no Apocalipse. É a padroeira dos franciscanos, por isso sua imagem é muito encontrada nos templos dedicados a São Francisco de Assis.

São Francisco de Assis. Francisco nasceu no século XII e pregava a caridade. Foi o fundador da Ordem Franciscana. Deu nome a uma das mais importantes ordens terceiras na colônia, reunindo as famílias abastadas.

Nossa Senhora do Pilar. Representada sobre um pilar, como teria sido vista por São Tiago. Seu culto foi instalado em Minas nos primeiros anos do século XVIII, dando nome à rica irmandade.

Nossa Senhora do Carmo. Esta Nossa Senhora teria sido avistada no Monte Carmelo pelo personagem bíblico Elias. A Ordem Terceira do Carmo era muito poderosa e seus membros, abastados; a ela dedicaram-se vários templos nas regiões da mineração.

São José. Marido de Maria, mãe de Jesus. Devido ao seu ofício de carpinteiro, serviu de orago às irmandades de pessoas dessa profissão, geralmente mulatos, e outros ofícios relacionados. A irmandade de sua invocação abrigava também brancos de condição humilde.

Isso acontecia quando as irmandades eram formadas por membros de famílias mais abastadas e com prestígio junto à Igreja Católica e ao Rei. Por meio de um processo pedia-se a sua elevação à categoria de ordem terceira.

Havia grande concorrência entre as irmandades. Os grupos mais abastados construíam o maior templo, pagavam os melhores artistas para decorá-lo e aplicavam a maior quantidade de ouro nos seus altares.

© Maurício Simonette / Pulsar

As igrejas de São Francisco de Assis (à esquerda) e de Nossa Senhora do Carmo (à direita) representam as duas mais poderosas irmandades mineiras. A igreja de Nossa Senhora do Carmo foi atingida por um incêndio em janeiro de 1999, que destruiu boa parte das obras de seu interior.

Não apenas os ricos reuniam-se dessa forma. Em Vila Rica, por exemplo, encontrávamos irmandades de negros, como as de Nossa Senhora do Rosário e Santa Ifigênia; de mestiços e brancos mais humildes, como as de São José e Nossa Senhora das Mercês.

O lugar da religião

Em muitos casos era comum várias irmandades e grupos sociais dividirem o mesmo templo, e todos ajudavam a construí-lo e decorá-lo. Na hora da missa percebiam-se claramente as diferenças sociais. Os ricos ficavam à frente, próximos do altar-mor, lugar considerado sagrado. Depois vinham os menos abastados e, por fim, próximos da entrada do templo, ficavam os mais pobres.

Não havia bancos; no interior encontrava-se um grande salão, chamado de nave, com vários altares colocados nas laterais, sendo um para cada irmandade. Fora do horário da missa, era diante desses altares que as pessoas rezavam.

A decoração no interior das igrejas era outra forma de demonstração de riqueza e poder. Para a realização desta pintura do forro da capela-mor da matriz de Santo Antônio, em Santa Bárbara, foi contratado Manuel da Costa Atayde, que retratou a "Ascensão do Senhor". No alto, vemos um medalhão dedicado a Santo Antônio. O arco feito em madeira recebeu uma pintura que imita pedra; os ornamentos abaixo são folheados a ouro.

Na planta do Santuário de Bom Jesus de Matozinhos, em Congonhas, podemos identificar: 1. adro; 2. nave; 3. presbitério; 4. altar-mor; 5. sacristia; 6. atualmente, a sala de *ex-votos* — "dos milagres" (baseado em "Planta da igreja e do adro do Bom Jesus do Matozinhos em Congonhas do Campo", in Paulo F. Santos, ***O barroco e o jesuítico na arquitetura do Brasil***).

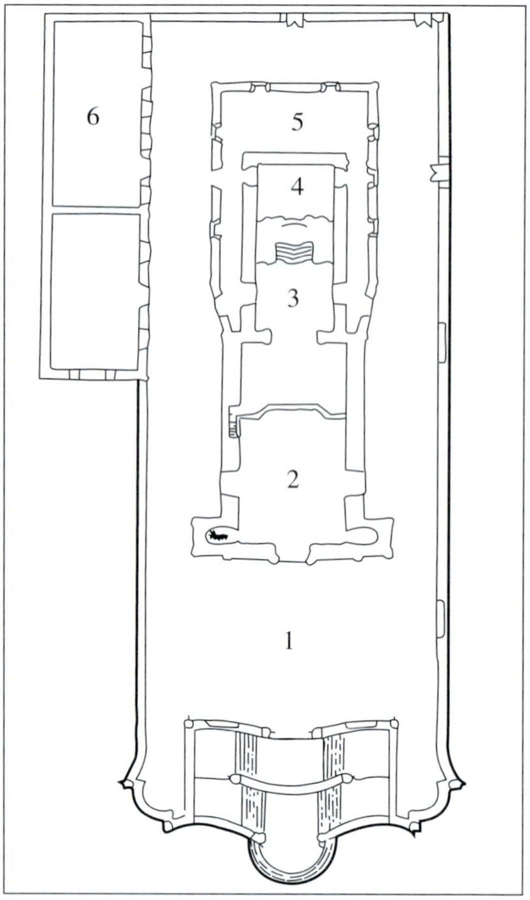

A força das crenças religiosas espalhou-se por todos os cantos da vila. Nas festas, como as da Semana Santa, os fiéis faziam as procissões parando em altares construídos ao longo das ruas, os quais representavam cenas da Paixão de Cristo. Eram, por isso, chamados de Passos da Paixão. Esses passos estão por toda a parte e, em muitas cidades, continuam ainda hoje a cumprir sua antiga função.

As pessoas da colônia reproduziam dentro das casas as suas crenças e ideias religiosas por meio de objetos, como os oratórios domésticos (espécie de altar móvel). Grandes ou pequenos, de acordo com as possibilidades do proprietário, esses oratórios abrigavam os santos de devoção da família. A eles eram dirigidos agradecimentos, orações e pedidos particulares.

Os oratórios serviam a uma forma de culto religioso, realizado no interior da residência. Se a família era mais abastada, o oratório podia ser produzido com bastante refinamento. Neste caso, vemos a réplica do quarto de um rico minerador, exposto no Museu do Ouro, em Sabará (MG).

Haroldo de Faria Castro

O convívio social

Não apenas de oração viviam os lugares destinados à religião. Além de servirem, como dissemos, de local de encontro das irmandades, as igrejas eram importantes também por serem o espaço onde as pessoas conviviam socialmente.

Nas igrejas, principalmente na igreja de Nossa Senhora do Pilar de Vila Rica, tomavam posse os governadores da capitania de Minas Gerais. Numa solenidade grandiosa, o futuro governador recebia os poderes de seu cargo.

À frente das igrejas ficava o adro, um espaço que servia para o encontro das pessoas antes e depois do horário da missa. Ali contavam-se as novas notícias, e os homens marcavam as reuniões da irmandade.

Fora dos horários das missas, dificilmente as mulheres de famílias mais ricas podiam ficar transitando pelas ruas. Quando muito, circulavam acompanhadas de uma escrava especialmente dedicada a essa tarefa. Mas as mais humildes e pobres não seguiam regras tão rígidas, como as mulatas e negras forras que passeavam pela vila vendendo frutas e quitutes.

Os teatros construídos em algumas vilas também eram locais de convívio social. Porém, sem ter a importância das igrejas, serviam apenas a grupos sociais mais ricos. Esses teatros eram conhecidos como Casas da Ópera. Nos camarotes e frisas laterais, ficavam as famílias, principalmente o casal e as filhas. Na platéia, no andar de baixo, ficavam os homens solteiros.

O evento noturno, como a ópera, era raro no cotidiano das vilas. Em geral,

O adro das igrejas é um local de convívio realizado fora do interior do templo. Nesta imagem, vemos o amplo adro que se abre diante da igreja de São Franscisco de Assis, em Ouro Preto. A construção foi iniciada em 1766, seguindo o projeto de Antônio Francisco Lisboa (Aleijadinho), empreitada realizada por Domingos Moreira de Oliveira.

com a chegada da noite, as senhoras que passeavam em suas liteiras carregadas por escravos, as negras que vendiam quitutes, os funcionários públicos, os comerciantes, enfim, todos se recolhiam a suas residências.

Em Tijuco, Distrito Diamantino, por exemplo, havia normas que impediam a permanência de pessoas pelas ruas depois das 18 horas. Ao anoitecer, tocava-se o sino como aviso para a população se recolher. Nas demais vilas e arraiais o horário de recolher ficava em torno das 21 horas.

As luminárias do lado de fora das casas, quando existiam, não eram capazes de iluminar muito o ambiente. Em geral, pequenas tigelas de barro com óleo de mamona ou de baleia alimentavam um pavio que queimava durante toda a noite, e o resultado era uma fraca luz bruxuleante. Pelas altas horas da noite só se ouvia a marcha de um guarda e o badalar de um sino que indicava meia-noite.

Fazer arte

Nos arraiais e vilas da América portuguesa havia uma rígida hierarquia social que separava os grupos a partir dos escravos até os mais abastados, como os proprietários de lavras, ricos comerciantes, altos funcionários do governo etc. A divisão social pode também ser percebida pela observação do patrimônio histórico. Como dissemos anteriormente, cada grupo social tentava construir sua própria igreja com mais ornamentos que os demais. Os mais simples tinham de se contentar com construções mais modestas.

A sociedade, entretanto, não era apenas dividida entre escravos e ricos proprietários; havia uma parte da população das vilas e arraiais mineiros formada por pessoas livres, porém sem posses. Muitos eram filhos da união de senhores brancos com suas escravas e se dedicavam às atividades artesanais. A cada grupo social cabiam atividades de-

© Rogério Reis / Pulsar

Esta igreja em São João del-Rei está entre as mais ornamentadas na arquitetura mineira, com elementos decorativos em pedra-sabão na fachada. É dedicada a São Francisco de Assis, e sua construção teve início em 1773, da qual participaram vários artífices, entre eles, Francisco de Lima Cerqueira.

terminadas, sendo destinado aos indivíduos mais pobres ou escravos o trabalho braçal e pesado. Havia uma verdadeira divisão do trabalho, pela qual os nobres e ricos não realizavam as atividades pesadas, principalmente as manuais. Os mestiços acabaram atuando principalmente na área da construção civil e das artes em geral.

Muitos dos trabalhadores da construção ficaram conhecidos como "taipeiros", aqueles que construíam a taipa, ou "pedreiros", os que utilizavam a pedra em suas obras. Eram artífices que trabalhavam para os mestres de ofício, os verdadeiros responsáveis pelas edificações.

Todos os artífices ingressavam na atividade como aprendizes ainda jovens e trabalhavam junto com os mestres da época; como "pagamento", um prato de comida diário e o aprendizado. Nessas condições, trabalhavam durante muitos anos como aprendizes até passarem a "jornaleiros".

O jornaleiro era aquele que trabalhava por jornada. Deixando de ser apenas um aprendiz, recebia pelo seu tempo de serviço. Após acumular anos de experiência, o jornaleiro pedia à Câmara da vila a habilitação de mestre no ofício em que se especializara; passava por alguns testes e era avaliado pelos mais importantes mestres. De acordo com seu desempenho, poderia receber ou não a tal habilitação.

Como dissemos anteriormente, poucos podiam contratar artífices para os seus serviços pessoais, e por isso a maioria trabalhou para as irmandades e ordens terceiras, deixando nas igrejas o fruto de sua arte.

Cada atividade era realizada por pessoas especializadas em ofícios. Vejamos alguns exemplos: na construção, tínhamos os entalhadores, que faziam os altares, imagens religiosas e ornamentos em madeira; os canteiros eram aqueles que esculpiam as pedras; os ferreiros cuidavam das fechaduras, dobradiças e outros objetos feitos com ferro; para o vestuário havia os alfaiates, sapateiros e os ourives, que confeccionavam jóias; e os marceneiros eram os responsáveis pelos móveis.

Um artífice, muitas vezes, dominava várias atividades. O mestre Antônio Francisco Lisboa, o Aleijadinho, tinha por trabalho principal a escultura, o que não o impediu de projetar chafarizes e edifícios religiosos; Manuel da Costa Ataíde foi conhecido por seu talento na pintura, mas também projetou obras de igrejas, como o altar da igreja de Nossa Senhora do Carmo de Vila Rica.

O mobiliário da maioria das casas coloniais era muito modesto; somente famílias mais abastadas podiam contratar marceneiros para confeccioná-los. Vemos aqui três exemplos de mesas bastante comuns, sendo a da esquerda uma bancada para o trabalho de ourives.

Arley Andriolo

O trabalho nas artes coloniais era coletivo, e a maioria dos artífices não deixou seu nome registrado na história. Esta escultura em pedra-sabão retratando o profeta Daniel, realizada para o adro do Santuário de Bom Jesus de Matozinhos, é reconhecida como um trabalho de Aleijadinho. Na mesma obra trabalharam seus aprendizes e escravos.

Os escravos também atuaram como artífices. Sabemos que muitos aprenderam os ofícios e realizaram obras tão valiosas quanto a de seus proprietários. Nos arraiais menores, eram os escravos que realizavam as obras na construção e decoração dos templos religiosos. No entanto, devido a sua condição social, não deixaram seus nomes gravados na história.

Havia também casos de mestres que ensinavam ofícios aos seus escravos e depois os alugavam. Um viajante, ao passar pelo Tijuco, escreveu que essa prática gerava algum dinheiro aos proprietários de escravos.

A professora Eponina Ruas, ao pesquisar os jornais de Ouro Preto de 1825, encontrou nos classificados um texto sobre o assunto. Tratava-se do pedido de um construtor àqueles que dispunham de escravos habilitados em ofícios e disponíveis para as obras da igreja:

"Quem tiver escravos para alugar, a 150 réis por dia, procure José Dias Monteiro, à rua Simão da Rocha; são destinados aos trabalhos da Matriz do Ouro Preto". (*Apud* Eponina Ruas. *Ouro Preto*. Minas Gerais, 1964, p. 187.)

Para termos uma ideia dos valores pagos, vejamos, por exemplo, a quantia que o famoso mestre Aleijadinho recebeu pelos trabalhos para a igreja de Nossa Senhora do Carmo de Sabará, em 1781: duzentos mil réis por ano (200$000) para a escultura dos púlpitos, das balaustradas e do coro, enquanto seus discípulos receberam noventa mil réis (90$000) cada um. Aleijadinho recebia, aproximadamente, 548 réis por dia e seus discípulos, 246 réis. Comparando com aquilo que receberia o dono do escravo alugado (150 réis), percebemos que um dono de quatro escravos poderia ganhar mais que o próprio mestre de ofícios.

Por ser uma sociedade escravocrata, a condição social dependia da quantidade de cativos que o indivíduo possuía. Apesar de livres e donos de alguns escravos, os artistas coloniais não desfrutavam de condição social privilegiada.

6. A "cidade histórica" de hoje

Ao olharmos a complexidade da sociedade colonial nas regiões de mineração, vemos que não foi por acaso que surgiram as construções e as artes. Aquilo que consideramos hoje patrimônio histórico, com seus monumentos e obras de arte, foi resultado do trabalho de várias pessoas, escravos ou não, que transformaram a natureza em edifícios, chafarizes, pontes, móveis etc.

A importância da preservação de conhecimentos, tradições, construções e objetos antigos não serve apenas aos turistas. Preservando esse patrimônio, estamos: 1) preservando a natureza que nos fornece matérias-primas; 2) respeitando o trabalho das pessoas do passado; 3) mantendo vivas as lembranças na memória.

As cidades chamadas de "históricas" são também cidades de hoje, onde pessoas vivem em casas coloniais com novos hábitos, e é graças a esses moradores que podemos conhecer uma parte importante da nossa história.

Essas casas, próximas das ruas, nos fazem pensar sobre um tempo em que as pessoas conheciam seus vizinhos e cumprimentavam os que passavam. Esses hábitos são hoje encontrados apenas nas pequenas cidades. Aquelas que se tornaram grandes cidades, ou metrópoles, não têm mais as janelas voltadas para a rua. As pessoas vivem com medo, e as casas são cercadas por muros e grades.

Observando as condições de trabalho na América portuguesa, onde o escravo era a principal mão de obra, devemos pensar sobre a nossa sociedade atual. Quem são os trabalhadores de hoje, responsáveis por edifícios e viadutos?

Os monumentos guardam a memória e a história de todos aqueles que viveram na cidade, desde o seu surgimento como arraial ou vila. Os locais que não preservaram seus edifícios e obras antigas perderam a oportunidade de conhecer e pensar a sua história. Onde estão os prédios antigos de nossas cidades? Aqueles que estão demolindo essas obras estão demolindo nossas lembranças.

Pergunte aos objetos e edifícios sobre a vida das pessoas que por eles passaram. Saber escutar as respostas é a melhor forma de estudar História. É pensar sobre o nosso papel na sociedade. Diante das coisas antigas e também das atuais, podemos escolher que tipo de vida queremos para nós e para os que nos rodeiam. Por fim, devemos nos perguntar: estamos felizes com as cidades que construímos e com a vida que levamos?

São Paulo é mais uma das grandes cidades brasileiras onde muitas obras coloniais de taipa de pilão foram demolidas para dar lugar aos edifícios de concreto. Junto com as obras, muito da memória se perdeu.

Cronologia

1695	— Descoberta de jazidas na região do Rio das Velhas.
1696	— Fundação de Ribeirão do Carmo, atual Mariana.
1698	— Fundação do arraial de Antônio Dias, um dos formadores da atual cidade Ouro Preto.
1701	— Obras da matriz de Nossa Senhora da Conceição de Sabará (até 1710).
1702	— Fundação do Arraial Velho de Santo Antônio, mais conhecido como Arraial da Ponta do Morro, hoje Tiradentes. Casa de Fundição criada no Rio de Janeiro.
1703	— Fundação do Arraial Novo da Ponta do Morro (atual São João del-Rei).
1709	— Criação da capitania de São Paulo e Minas do Ouro, com a separação da capitania do Rio de Janeiro. Fim da Guerra dos Emboabas. Início das obras da Matriz de Ribeirão do Carmo.
1711	— Elevação das vilas de Sabará, Vila Rica e Ribeirão do Carmo. Proibição da entrada de ordens religiosas no território mineiro. Início da construção da primitiva matriz do Pilar em Vila Rica.
1713	— Elevação da vila de São João del-Rei. Início das obras da matriz de Nossa Senhora da Conceição de Ribeirão do Carmo (futura Catedral de Mariana).
1714	— Elevação da Vila do Príncipe, atual Serro, e de Caeté. Iniciadas as obras da matriz de Nossa Senhora da Conceição de Sabará.
1715	— Elevação da vila de Pitangui.
1717	— Obras da matriz de Santo Antônio de Ouro Branco (até 1779).
1718	— Elevado o arraial da Ponta do Morro a vila com o nome de São José del-Rei (atual Tiradentes).
1719	— Criação das Casas de Fundição para a cobrança do quinto, ordenada por D. João V. Achados de ouro no atual Mato Grosso.
1720	— Separação entre a capitania de São Paulo e a de Minas Gerais.
1721	— Obras da Matriz de Nossa Senhora do Pilar em São João del-Rei.
1726	— Início da exploração de ouro em Goiás.

1727	— Criação da vila de Bom Jesus de Cuiabá por Rodrigo César (Mato Grosso) e do arraial de Sant'Anna (Goiás). Construção da matriz de Nossa Senhora da Conceição de Antônio Dias.
1729	— Descoberta de jazidas de diamante na região de Diamantina e Serro (Minas Gerais).
1731	— Decretado o monopólio real sobre extração dos diamantes. Início das obras da matriz de Nossa Senhora do Pilar em Vila Rica.
1732	— Criação do arraial de Meia Ponte (atual Pirenópolis) e construção de sua matriz, Nossa Senhora do Rosário.
1736	— Criação de Casa de Fundição em Cuiabá. Obras da Matriz de Santo Antônio da Vila de São José (atual Tiradentes).
1739	— Elevação de Vila Boa de Goiás (hoje conhecida como Goiás Velho).
1740	— Obras da matriz de Nosso Senhor Bom Jesus de Cuiabá (até 1777).
1743	— Construção da matriz de Sant'Ana em Vila Boa de Goiás.
1744	— Criação da Capitania de Goiás.
1745	— Criação do Bispado de Minas Gerais, com sede em Mariana.
1748	— Criação da Capitania de Mato Grosso e Cuiabá.
1750	— Criação da Casa de Fundição de Sabará.
1751	— Criação da Casa de Fundição em Goiás. Transferência da sede do governo de Mato Grosso e Cuiabá para Vila Bela da Santíssima Trindade (atual cidade de Mato Grosso).
1755	— Construção da casa sede do governo de Goiás (atual Museu do Palácio Conde dos Arcos).
1757	— Início da construção do santuário de Bom Jesus de Matozinhos em Congonhas. Construção da matriz do Bom Sucesso em Caeté.
1763	— Mudança da capital da Colônia de Salvador para o Rio de Janeiro.
1766	— Obras da Casa de Câmara e Cadeia de Vila Boa de Goiás.
1784	— Construção da Casa de Câmara e Cadeia de Vila Rica, até 1846 (atual Museu da Inconfidência em Ouro Preto).
1804	— Início da construção da capela de São Francisco de Paula, em Vila Rica.
1810	— Reforma da fachada da matriz da Vila de São José.
1820	— Reforma na fachada da matriz do Pilar de São João del-Rei (até 1844).
1825	— Reforma da matriz do Pilar de Vila Rica.

Bibliografia

Para o início do século XIX existem diversos textos de viajantes como Saint-Hilaire, Spix e Martius, entre outros, que descrevem as regiões estudadas neste volume. Para o século XVIII, sugerimos a leitura de alguns textos de época, como *Cultura e opulência do Brasil*, de André João Antonil; *Cartas Chilenas*, de Tomás Antônio Gonzaga; "Vila Rica", *Anuário do Museu da Inconfidência* (4), de Cláudio Manuel da Costa.

Para uma visão geral sobre a história e as vilas e arraiais na colônia temos os livros de historiadores contemporâneos, referências básicas para qualquer trabalho:

BOXER, Charles. *A Idade de Ouro do Brasil*. São Paulo, Ed. Nacional, 1963.

GORENDER, Jacob. *O escravismo colonial*. 2. ed. São Paulo, Ática, 1978.

HOLANDA, Sérgio Buarque de. *Raízes do Brasil*. 20. ed. Rio de Janeiro, José Olympio, 1988.

MARX, Murillo. *Cidade no Brasil, terra de quem?* São Paulo, Edusp/Nobel, 1991.

NOVAES, Sylvia C. (org.). *Habitações indígenas*. São Paulo, Nobel/Edusp, 1983.

PALACIN, Luís. *Goiás: 1722/1822 – Estrutura e conjuntura numa capitania de Minas*. Goiânia, Ed. Oriente, 1972.

PINTO, Virgílio Noya. *O ouro brasileiro e o comércio anglo-português*. São Paulo, Companhia Editora Nacional/MEC, 1979.

SOUZA, Laura de Mello (org.). *História da vida privada no Brasil: cotidiano e vida privada na América portuguesa*. v. 1. São Paulo, Cia. das Letras, 1997.

XAVIER PEREIRA, Paulo César. *Espaço, técnica e construção*. São Paulo, Nobel, 1988.

Sobre a história política, econômica e da arte de Minas Gerais também há diversos livros. Antigos, mas de grande valor, são os trabalhos de Diogo de Vasconcelos (*História Antiga de Minas Gerais*), Anibal Mattos (*Monumentos históricos, artísticos e religiosos de Minas Gerais*) e Joaquim Felício dos Santos (*Memórias do Distrito Diamantino da Comarca de Serro Frio*). Mais recentes temos os trabalhos de história social:

BOSCHI, Caio César. *Os leigos e o poder: irmandades leigas e política colonizadora em Minas Gerais*. São Paulo, Ática, 1986.

MACHADO, Lourival Gomes. *Barroco mineiro*. São Paulo, Perspectiva, 1978.

MELLO, Susy de. *Barroco mineiro*. São Paulo, Brasiliense, 1985.

MOURÃO, Paulo Kruger. *As igrejas setecentistas de Minas*. Belo Horizonte, Itatiaia, 1986.

SILVEIRA, Marco Antônio. *O universo do indistinto — Estado e sociedade nas Minas setecentistas (1735-1808)*. São Paulo, Hucitec, 1997.

Ao ler a história de cada cidade, com seus casos e lendas, vemos a História do Brasil aparecer no dia a dia das antigas vilas. Dos muitos livros, aqui ficam algumas indicações:

BANDEIRA, Manuel. *Guia de Ouro Preto*. Rio de Janeiro, Ediouro, s. d.

MACHADO FILHO, Aires da Mata. *Arraial do Tijuco, cidade diamantina*. 3. ed. Belo Horizonte/São Paulo, Itatiaia/Edusp, 1980.

MORAES, Geraldo D. *História de Conceição do Mato Dentro*. Belo Horizonte, Biblioteca Mineira de Cultura, 1942.

PASSOS, Zoroastro Vianna. *Em torno da História de Sabará*. Rio de Janeiro, MES, 1940.

RUAS, Eponina. *Ouro Preto*. Minas Gerais, 1964.

SALLES, Fritz Teixeira de. *Vila Rica do Pilar*. Belo Horizonte/São Paulo, Itatiaia/Edusp, 1982.

VASCONCELLOS, Sylvio de. *Vila Rica*. São Paulo, Perspectiva, 1977.

Leia ainda romances e poesias: Antônio Callado, *A Madona de Cedro*; Cecília Meireles, *Romanceiro da Inconfidência*; Murilo Mendes, *Contemplação de Ouro Preto*; os vários trabalhos de Agripa Vasconcelos (sobre Xica da Silva e Chico Rei); de Marilusa Moreira Vasconcelos, *Confidências de um Inconfidente*.

Biblioteca eletrônica

CD-ROM "Cidades históricas brasileiras: Campos das Vertentes", Telemig/Sebrae-MG. Sobre as cidades de São João del-Rei, Tiradentes, Prados e região.

www.cidades.com.br – Informações gerais sobre as cidades brasileiras.

www.cidadeshistoricas.art.br – Detalhes sobre as "cidades históricas" de Minas Gerais.

www.oratorio.com.br – Informações sobre o Museu do Oratório em Ouro Preto.

O que ver e ouvir?

VISITAS

Das várias cidades que nasceram como arraiais e vilas nos tempos da mineração, vale conhecer até mesmo aquelas que pouco preservaram seus prédios antigos. Todas elas possuem igrejas ou capelas de grande importância para a história, algumas dotadas de museus de arte sacra em anexos. Além das igrejas, convém notar as outras edificações que permaneceram, como prédios públicos e casas de moradia, bem como as ruas e os equipamentos urbanos. A seguir algumas cidades e seus principais museus:

Caeté (MG)
Museu Regional de Caeté. Além do mobiliário e arte, é importante por seu edifício, um sobrado construído no século XVIII. R. Israel Pinheiro, 176, tel. (31) 3651-2388.

Congonhas (MG)
Museu da Romaria. Arte sacra em geral, imaginária, mobiliário, livros. Al. Cidade Matozinhos de Portugal, 153, tel. (31) 3731-3100.

Diamantina (MG)
Museu do Diamante. Funciona no prédio onde morou o padre José da Silva Rolim, partícipe da Inconfidência. O museu foi criado em 1954, expondo documentos e instrumentos referentes ao garimpo de diamantes, bem como objetos domésticos. R. Direita, 14, tel. (38) 3531-1382.

Goiás Velho (GO)
Museu das Bandeiras. Possui peças religiosas das igrejas demolidas, objetos do cotidiano dos mineradores e dos indígenas. Funciona na antiga Casa de Câmara e Cadeia. Praça Brasil Caiado, s/n, tel. (62) 3371-1087.
Palácio Conde dos Arcos. Antiga sede do governo do estado de Goiás, transferida em 1935 para Goiânia. Praça Tasso de Camargo, 1, tel. (62) 3371-1200.
Museu de Arte Sacra da Boa Morte. Na igreja de Nossa Senhora da Boa Morte, com imaginária, prataria, entre outros objetos religiosos. Rua São Luiz do Couto, s/n, tel. (62) 3371-1207.

Ouro Preto (MG)
Museu da Inconfidência. A antiga Casa de Câmara e Cadeia guarda importante acervo sobre a arte e vida doméstica do século XVIII, transportes e construção. Possui documentos sobre os participantes da Inconfidência. Praça Tiradentes, 139, tel. (31) 3551-1121.
Casa dos Contos. Edifício construído para residência de João Rodrigues de Macedo, no final do século XVIII, depois "Casa dos Contratos". O acervo mostra a evolução monetária do Brasil. Possui arquivo valioso de obras raras. R. São José, 12, tel. (31) 3553-5182.
Museu da Igreja do Pilar. Peças religiosas e prataria. Na igreja de mesmo nome, tel. (31) 3551-4735.

Museu Aleijadinho. Com peças religiosas e prataria, de artífices variados. Na matriz de Nossa Senhora da Conceição de Antônio Dias, tel. (31) 3551-3282.

Pitangui (MG)

Museu Sacro Monsenhor Vicente Soares. Arte sacra. R. José Gonçalves, 41.

Mariana (MG)

Museu Arquidiocesano. Arte sacra colonial, com cristais e ourivesaria. R. Frei Durão, 49, tel. (31) 3557-2516.

Sabará (MG)

Museu do Ouro. Expõe objetos de arte e do trabalho na mineração, onde se nota a evolução econômica de Minas Gerais. Esse prédio foi construído em 1730 e serviu de sede da Casa de Fundição de Sabará. R. da Intendência, s/n, tel. (31) 3671-1848.

São João del-Rei (MG)

Museu Regional. Instalado no edifício construído por João Antônio da Silva Mourão, às margens do Córrego do Lenheiro, na metade do século XIX. R. Marechal Deodoro, 12, tel. (32) 3371-7663.

Museu de Arte Sacra. Imaginária, candelabros etc. Praça Embaixador Gastão de Cunha, 8, tel. (32) 3371-4742.

Serro (MG)

Casa dos Ottoni. Casa do século XVIII, onde nasceram os irmãos Teófilo e Cristiano Benedito Ottoni, no início do século XIX. O primeiro foi jornalista e político de destaque. Hoje a casa abriga um museu com mobiliário da região. Praça Cristiano Ottoni, 72, tel. (38) 3541-1440.

Tiradentes (MG)

Museu do Padre Toledo. Casa onde residiu um dos padres participantes da Inconfidência Mineira, expõe mobiliário e objetos de decoração coloniais. R. Padre Toledo, 190.

MÚSICAS

Na música colonial do século XVIII tem-se notícia de mais de 1 000 compositores só em Minas Gerais. Dos mais conhecidos podemos citar Marcos Coelho, Ignácio Pereira Neves, José Joaquim da Paixão, João de Deus de Castro Lobo, Francisco Gomes da Rocha e Emerico Lobo de Mesquita. A maioria era composta de mulatos que atuavam como contratados para as igrejas.

- *Órgãos históricos do Brasil*, por Eliza Freixo interpretando obras de Johann Sebastian Bach, Francisco Corrêa de Araújo, Domenico Zipoli, entre outros, no órgão da Catedral de Mariana.
- *Música colonial do Brasil*, por Brasilessentia Grupo Vocal e Orquestra (Vitor Gabriel, regente), interpretando composições mineiras do século XVIII, de José Emerico Lobo de Mesquita, Marcos Coelho, Francisco Gomes da Rocha, José Joaquim da Paixão e João de Deus de Castro Lobo.

A que assistir?

A colônia dourada. Direção de Eduardo Escorel (1994, Brasil, 18 min., Instituto Cultural Itaú).
Documentário produzido pelo Instituto Cultural Itaú sobre a história e a arte em Minas Gerais durante o período colonial português.

Chico Rei. Direção de Walter Lima Jr. (1986, Brasil, 115 min., Globo Vídeo).
Reconstrução da lendária figura de um rei negro que viveu em Vila Rica no século XVIII. Segundo contam, Chico Rei não apenas conquistou sua liberdade como tornou-se dono de uma mina e libertou outros escravos.

Pedra-sabão. Direção de Geraldo Baldi (1988, Brasil, 13 min., UFOP Vídeo).
Documentário sobre os usos da pedra-sabão — da arte colonial aos objetos contemporâneos.

Os inconfidentes. Direção de Joaquim Pedro de Andrade (1972, Brasil, Servicine).
Trata dos eventos que circundavam a Inconfidência Mineira, enaltecendo a figura de Tiradentes como mártir da independência do Brasil.

Xica da Silva. Direção de Cacá Diegues (1977, Brasil, 148 min., Globo Vídeo).
Conta a história que, apesar de real, baseia-se no romance de Agripa Vasconcelos: o relacionamento que o contratador de diamantes João Fernandes de Oliveira manteve com a escrava Xica da Silva, em 1750. Ela conquistou a alforria e foi tratada como princesa pelo contratador. Interessante ambientação da vida urbana na colônia feita em Diamantina.

QUE HISTÓRIA É ESTA?

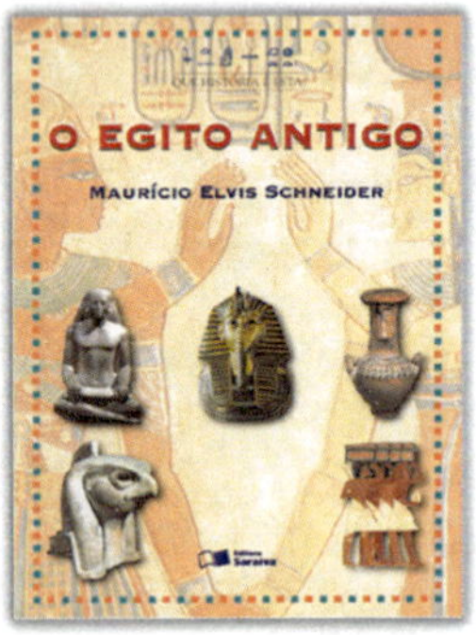

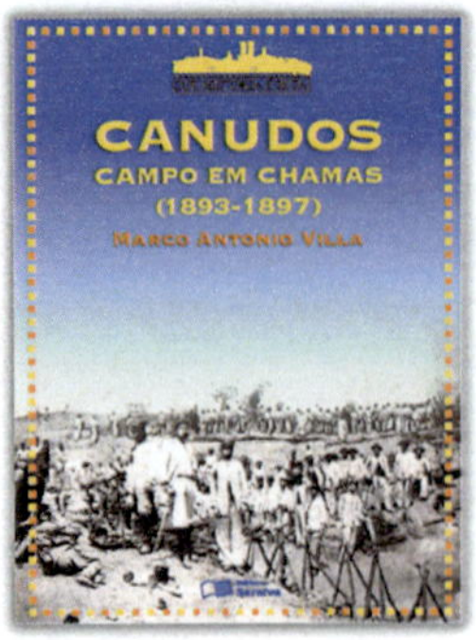

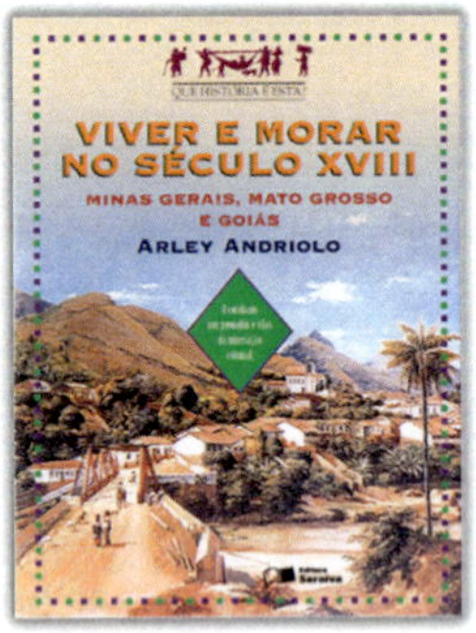

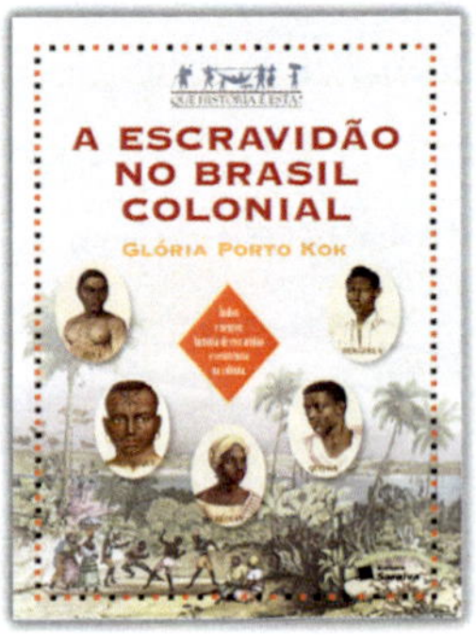

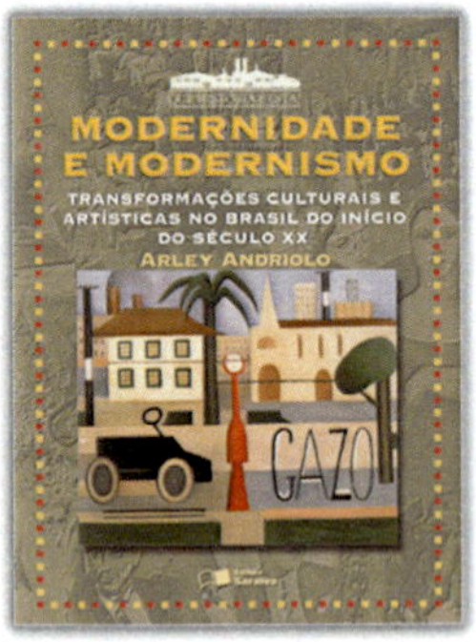